Kritik der praktischen Vernunft

实践理性批判

[德] 康德◎著　邓晓芒◎译　杨祖陶◎校

人民出版社

Immanuel Kant

Kritik der Praktischen Vernunft

Philosophische Bibiliothek, Band 38, Felix Meiner Verlag,

Hrsg. von Karl Vorländer, Hamburg 1974.

根据卡尔·弗兰德尔编《哲学丛书》第 38 卷,

费利克斯·迈纳出版社,汉堡 1974 年版。

中 译 者 序

　　康德的《实践理性批判》出版于 1788 年。全书除序言和导言外,分为纯粹实践理性的"要素论"和"方法论"两部分,外加一个"结论"。"要素论"里面又分为纯粹实践理性的"分析论"和"辩证论"。这一套结构与《纯粹理性批判》的大体结构完全相同,但在划分的细节上却有很大的差别,甚至完全相反。这是由于两个批判的任务、对象和要达到的目标不同所决定的。

　　康德在"序言"中一开始就指出,本书的任务并不是批判"纯粹实践理性",而是立足于无人可以怀疑的"纯粹实践理性"去批判理性的"全部实践能力";即不是像《纯粹理性批判》那样考察人的各种知识"如何可能"的先天条件,而是从人的纯粹理性现实具有的实践能力出发并以之作标准,批判和评价一般的(不纯粹的)理性在实践活动中的种种表现,从中确认纯粹理性的先天普遍规律,这就是道德律。道德律使人认识到人在实践中事实上是自由的,并反过来确定了人的自由是道德律的"存在理由",这样一来,自由就由于存在着道德律这一事实而不再仅仅是《纯粹理性批判》中所设想的那种可能的"先验自由",而成为了具有客观实在性的"实践的自由"即"自由意志"了。自由概念就此成为了两大批判体系结合的关键（"拱顶石"）。之所以有如此区别，是由于这里所谓的"实在性"与《纯粹理性批判》中的实在性具有不同的含义，不是知识的实在性，而是实践的实在性，它不给我们带来任何有关对象的知识，但却有可能基于自在之物而现实地对现象世界发生作用，因而是同一个理性在不同的方面即实践方面（而非认识方面）的运用。但这种实践的运用本身也有它的理论上的要求，即为了保证纯粹道德律的完全实现和至善的完成而必须假定（悬设）灵魂的不朽和上帝的存有，这些假定也由于自由概念的实在性而带上了实践意义上的实在性，即能够现实地对人的行动起作用。但这种作用是决不能用自然规律或心理学来解释的，虽然也并不与之相冲突，因为它是一种超验的原因性。

在"导言"中，康德再次重申了理论理性和实践理性的区别：前者只处理认识能力，其客观实在性须依赖于直观经验，后者则处理意志（即欲求能力），所谓意志就是自己实现对象的能力，所以纯粹实践理性本身就具有作用于对象的实在性，它无须批判就可以用作实践理性批判的基点，用来衡量人的一般实践活动在何种程度上是"纯粹的"或是受经验制约的。康德由此制定了本书的大纲，并说明实践理性批判与思辨理性批判在"分析论"上采取了相反的程序，即不像后者那样从感性论到概念论再到原理论，而是从原理到概念再到感性。

接下来的"分析论"，康德首先区分了两种不同的原理，即主观有效的"准则"和对其他意志也有效的客观"法则"，唯有后者才是基于纯粹理性之上的意志动机，前者则基于感性欲望，因而不具普遍必然性。为了确定什么是实践理性的"法则"，康德提出了四条层层递进的"定理"，其中前两条是否定性的(消极的)，即以一个现实欲求的对象作为意志的动机不可能成为实践的法则(由此批判了功利主义的伦理学)，以个人幸福和自爱为目的也不可能成为法则(由此批判了幸福主义伦理学)，它们都只是立足于质料的实践原则。只有立足于形式的实践原则才能成为法则。后两条定理则从形式上对实践法则进行了肯定性的(积极的)规定，提出了"纯粹实践理性的基本法则"："要这样行动，使得你的意志的准则任何时候都能同时被看作一个普遍立法的原则"，并指出这一法则表达了"意志自律"或积极的自由。自由不仅在于摆脱感性束缚而独立(消极自由)，而且在于自己立法，这种立法的形式就是道德律。

　　如同《纯粹理性批判》中对纯粹知性概念(范畴)进行了先验的"演绎"(Deduktion)一样，在这里康德对纯粹实践理性的原理也进行了一番演绎，但不是考察范畴如何必然成为一切可能经验的先天条件，而是考察道德律如何必然在最日常的实践行为中成为纯粹意志的规定根据(或"原因性")。这并不是说人们在现实的实践活动中总是会按道德律办事，而是说人们在违背道德律而屈从于感性欲望时不能推诿于自然，而只能怪罪于自己，因为道德律随时都在人心中发布他只要愿意就可以做得到的命令，这是每个人只要做理性思考就会清楚意识到的。因此人根据其自由意志(本来)一定会按道德律行事，这好像成了一种有关人性的超感性超经验的"知识"，好像我们对不可规定的自由意志作了一种性质上的规定，但这只是从实践上来说的，它只关系到意志的决定而不考虑现实的后果,因而不干扰和影响自然的因果性,只是从另一个角度(超感性的理知世界的角度)把感性自然看作超验本体的可能的"副本"(例如把"杀身"、"舍生"看作"成仁"、"取义"的可能的副本)。

在讨论了"原理"之后,康德接着讨论"概念"或对象。在《纯粹理性批判》中,范畴(纯粹知性概念)是形成对象(对象知识)的必要的先天构件,但尚需直观经验性的材料来充实;但在《实践理性批判》中,纯粹实践理性的概念本身就是它的对象,而无关乎经验性的材料。这就是立足于自由的原因性之上的善与恶的概念,它们体现为十二个"自由范畴",这些范畴按照量、质、关系、模态顺序排列,并表现出从受到感性制约到逐步摆脱感性而完全只由道德法则来规定的范畴的上升过程,但它们最终都是由纯粹实践理性的法则(道德律)作为评价标准的。那么,如何把这些范畴运用于具体场合中呢? 在《纯粹理性批判》中是通过"图型"(Schema)的中介,在《实践理性批判》中没有图型,但却可以把感性自然的"合法则性形式"当做这些范畴的"模型"(Typus),就是说,可以像对待自然法则那样去设想一下一个行为,看它一旦作为自然的普遍规律,是否还能被意志所接受而不自相矛盾。这就使抽象形式的道德律变得易于具体设想了。

道德法则有了,模型也有了,但意志在现实行动中还需要一种主观上的"动机"(Triebfeder)才能现实地作用于感性世界。康德认为,意志的道德动机本来只能是道德律本身,道德律首先就要排除一切情感,所以意志的道德动机在情感方面只能是否定性的,它导致痛苦;但它同时也唤起对道德律的一种肯定性的"敬重的情感",这"是一种通过智性的根据起作用的情感,这种情感是我们能完全先天地认识并看出其必然性的唯一情感"。但敬重不能用作道德律的根据,它本身是由道德律引起的,它"只是用作动机,以便使德性法则自身成为准则"。康德由此把出于实践理性的道德敬重与出于感性的道德狂热区别开来,同时把"合乎义务"的行为与"出于义务"的行为区别开来,并提出了"为义务而义务"的道德目标。"分析论"就此以这种特殊的道德情感(感性)结束。

在"分析论"的结束处康德作了一个"批判性说明",他再次回顾和比较了纯粹(理论)理性批判与实践理性批判的结构的同异,认为两者相同之处表明它们都出于同一个"纯粹理性",相异之处则在于一个要由经验科学来证明,另一个则单凭自身就有实践的力量。但由此也就暗示了实践理性和思辨理性在严格区分自在之物和现象的前提下相互结合和统一的可能性,即以自由的理念为枢纽建立起一个超感性的理知世界,在那里可以为达到幸福和义务(德性)的统一(即"至善")留下"希望"。这就过渡到"辩证论"。

康德把"辩证论"分为两章:"一般纯粹实践理性的辩证论"和"纯粹理性在规定至善概念时的辩证论"。前一章表明纯粹实践理性如同纯粹思辨理性的辩证论一样要为有条件者寻求无条件者总体,从而提出了"至善"概念,这概念的辩证性从古希腊以来就以"智慧学"(如"智者"派)的狂妄和"爱智慧"(哲学,如苏格拉底)的谦虚表现出冲突,但双方都不是将这种追求当做纯粹意志本身的规定根据,而只是当做对意志客体的追求。其实在康德看来,只有把纯粹意志的规定根据即道德律也包括进来的至善才是真正的至善,而这就引出了第二章的主题,即"至善"概念的自相矛盾性。

康德认为,至善包括幸福和德性两个不可分割的方面。德性当然是至上的善,但本身还不是完满的善即至善,只有配以与德性相当的幸福才可说是完满的善。但对它们的关系有两种截然相反的看法,即由幸福引出德性或是由德性引出幸福(如古代的伊壁鸠鲁主义和斯多亚主义)。康德认为这两派都是错误的,都把一种综合的关系当做了分析性的(同一性的)关系。他指出人生在世这两方面是绝对没有什么(现象上的)必然关联的,但如果把现象和自在之物严格划分开来,则就自在之物而言斯多亚派的观点还有一定的道理,即并不排除德性和幸福在一个理知世界有可能达到相互协调,因而一个摆脱了感性束缚的自由意志总是可以对自己的道德行为所配享的幸福抱有希望的。由此看来,实践理性甚至可以把思辨理性(其目的是增进人的幸福)作为自己下属的一个环节包含于自身中,因而对思辨理性占有优先地位。于是康德从德性和幸福的一致这一纯粹实践理性要求中,引出了灵魂不朽和上帝存有这两个"悬设",即有根据的假设,其根据就在于自由意志。因为在自由意志的基础上,只有假定灵魂不朽才给人建立起追求道德上的完善和圣洁的目标,以及来世配享天福的希望;也只有假定上帝存在才能保证德福果报的绝对公正。但康德反复申述,这些悬设并不是有关任何对象的知识,而只是"出于纯粹理性之需要的认其为真",即纯粹实践理性的信仰。

第二部分"纯粹实践理性的方法论"讲的是如何循循善诱地

使道德法则进入每个最普通人（哪怕是一个10岁儿童）的内心，颇令人想起苏格拉底的"精神接生术"。在此康德批判了当时流行的那种标榜功德和"动之以情"的道德教育方式，认为这一切都不如直接诉之于青年人的理性和自由意志更能使道德法则成为人的内在品格，反而会对真正的道德教育造成障碍。康德所关注的则是启发人意识到自由意志的纯粹性和道德人格的尊严。

康德在"结论"中提出了他的脍炙人口的两大崇高原则："头上的星空"和"内心的道德法则"。但一般人只看到康德对它们的赞叹，而未注意到康德的警告，即如果沉陷于感官而遗忘了理性，这两大原则就会变质为占星术和狂热迷信。因此虽然自古以来这两大原则就进入了哲学家们的视野，但只有对理性（思辨理性和实践理性）的批判才使它们一劳永逸地成为了系统的科学。

* * *

我最初读到康德的《实践理性批判》是在1976年，记得是刚刚解禁的关文运译本，从湖南省图书馆借的。当时真有点如饥似渴，也有点囫囵吞枣，虽然作了详细的笔记，记忆里也留下了一些零星的概念和说法，但总体印象全无，脑子里一锅粥。但好歹，我毕竟把这本小书过了一遍，上面的介绍在清理线索时就利用了我当年所做的那十几页笔记，可见当时所下的功夫还是不少的。不过二十多年来，我实际上很少回到这本小书的氛围里去，先是一头扎入了《判断力批判》，后来又和杨祖陶老师一起研读《纯粹理性批判》，再后来就直接动手与杨老师合作进行三大批判的翻译

了,而《实践理性批判》是三本书中最后译完的。直到现在,当我
从头至尾阅读我自己的译文时,我才重新开始较全面地了解这位
"熟悉的陌生人"。早在几年前我就有写一本《实践理性批判》导
读的计划,今天这一计划的基础当然比以前要好得多,但真正要
实行起来,恐怕仍然会困难重重,康德实在是太难了!

　　《实践理性批判》在国内已有好几个译本。据我们所知,最早
的似乎是张铭鼎先生从德文本所译、由商务印书馆 1936 年出版
发行的版本,但国内知道该译本的人不多。译者力图忠实于原
文,但于康德思路的细微处常不能达意,又用了太多的括号来处
理康德的从句,有些译名也已经过时,不符合今天的习惯,因此现
在的青年读来颇为费力。其次是关文运先生的译本,1960 年由商
务印书馆出版,该译本用词极为贴切,文笔相当流畅,是我国近半
个世纪来影响最大的译本,对传播康德的道德哲学立下了汗马功
劳,但可惜是从英译本转译的,其中错漏之处不少,对于想要精研
康德哲学的人来说显然已不敷需要了。不过该书的优点仍然还
在,所以直到 2002 年还由广西师大出版社出了新版,印数竟达
8000 册。再就是牟宗三的评注本《康德的道德哲学》,1982 年由
台湾学生出版社出版,该译本译者的主观色彩较浓,译名不太规
范,也是由英译本转译的,对大陆的影响不大。最后是 1999 年由
商务印书馆出版的韩水法译本,该译本用比较通行的现代汉语从
德文本直接译出,并尽量遵守德文原文的句法,应当说是目前一
个比较好的本子,但也有一些误译和表达上的瑕疵(我曾应译者
请求,书面给译者提过一些修改意见)。当然,像康德这样的哲学
巨人,同一本书有多个译本不足为奇,我们再添一个译本,决不表

示我们的就是完美无瑕的本子，很可能在某一点上有所改进，而在别的地方又有所失误，而且就连改进的地方也可以见仁见智，不存在最终的"定译"。但有心的读者手头有不止一个译本，就可以互相参照揣摩，补苴罅漏，也许这样更能贴近康德的原意。所以我们仍然推出这个浸透着我们的研究心得和理解的译本，以求教于方家。

　　本书翻译所依据的主要是《哲学丛书》第 38 卷（Philosophische Bibliothek，Band 38，Felix Meiner Verlag，Hrsg. von Karl Vorländer，Hamburg 1974），书中边码皆为这个本子的原版页码，其中的"德文编者注"也主要取自该书；此外还参考了普鲁士科学院版《康德全集》第 5 卷（Kant's Gesammelte Schriften，Hrsg. von Königlich Preuβischen Akademie der Wissenschaft，Band V. Berlin 1913），及其中的著作部分即《康德著作集》第 5 卷（Kant's Werke，Band V. Berlin 1968）；个别地方也参考了贝克的英译本（Critique of Practical Reason，edited and translated with notes and introductions by Lewis White Beck，中国社会科学出版社《西学基本经典·哲学》影印本第 4 卷）。校译所依据的主要是雷克拉姆万有文库本（Reklams Universal—Bibliothek Nr.1111—13，Ehemalige Kehrbach-sche Ausgabe，Hrsg. von Dr. Raymund Schmidt，Verlag Philipp Reclam jun. Leipzig 1956），同时也参考了上述贝克英译本。另外，译和校对于现有中译本如关译本和韩译本也时有参考。书末由我编制了一个"德汉术语索引"、一个"人名索引"和一个"汉德词汇对照表"，其中部分参考了《哲学丛书》版后面的索引，但扩充了许多倍，以便利中国学者的参照和研究。

应当说明的是,该译本是我和我的老师杨祖陶先生从头至尾通力合作的产物。我们合作的具体情况,在我们所译的另外两个"批判"即《纯粹理性批判》和《判断力批判》的中译本序中都已有交代,这里就不赘述了。实际上,我们两代学人的合作已有十余年,从合作翻译《康德三大批判精粹》算起也有7年了。杨先生倾其平生所学有以教我,令我终身难忘。目前已全部完稿的三大批判的翻译,就是我们以学术和真理为基础的忘年交的最珍贵的纪念。

邓 晓 芒

2003 年 7 月 8 日于珞珈山

目　　录

第二部分　纯粹实践理性的方法论

序　言

　　为什么不把这个批判命名为纯粹的实践理性批判,而是直接地就称作一般的实践理性批判,尽管实践理性与思辨理性的平行关系似乎需要前一个名称①,对此这部著作给予了充分的解释。它应当阐明的只是有纯粹实践理性,并为此而批判理性的全部实践能力。如果它在这一点上成功了,那么它就不需要批判这个纯粹能力本身,以便看看理性是否用这样一种能力作为不过是僭妄的要求而超出了自身(正如在思辨理性那里曾发生的)。因为,如果理性作为纯粹理性现实地是实践的,那么它就通过这个事实而证明了它及其概念的实在性,而反对它存在的可能性的一切玄想就都是白费力气了。

　　凭借这种能力,从此也就肯定了先验的自由,而且是在这种绝对意义上来说的,即思辨理性在运用因果性概念时需要自由,以便把自己从二律背反中拯救出来,这种二律背反是思辨理性如果要在因果关系的序列中思维无条件者就不可避免地会陷入的,

---

　　①　意即:思辨理性有《纯粹理性批判》,实践理性也应有"纯粹实践理性批判"。——译者

但思辨理性只能把这个无条件者的概念悬拟地、而不是作为不可思维的提出来，并不保证它的客观实在性，而只是为了不至于借口理性至少还必须承认是可思维的那种东西是不可能的，来使理性的本质受到攻击并被推入怀疑论的深渊。

自由的概念，一旦其实在性通过实践理性的一条无可置疑的规律而被证明了，它现在就构成了纯粹理性的、甚至思辨理性的体系的整个大厦的拱顶石，而一切其他的、作为一些单纯理念在思辨理性中始终没有支撑的概念（上帝和不朽的概念），现在就与这个概念相联结，同它一起并通过它而得到了持存及客观实在性，就是说，它们的可能性由于自由是现实的而得到了证明；因为这个理念通过道德律而启示出来了。

但自由在思辨理性的一切理念中，也是唯一的这种理念，我们先天地知道其可能性，但却看不透它，因为它是我们所知道的道德律的条件①。但上帝和不朽的理念并不是道德律的条件，而只是一个由道德律来规定的意志的必要客体的条件，亦即我们的纯粹理性的单纯实践运用的条件；所以，关于那些理念，我不仅要说对它们的现实性，而且就连其可能性，我们也都不能声称是认识和看透了的。但尽管如此，它们却是在道德上被规定了的意志运用于先天地被给予它的那个客体（至善）之上的诸条件。这样，

①　当我现在把自由称之为道德律的条件、而在本书后面又主张道德律是我们在其之下才首次意识到自由的条件时，为了人们不至于误以为在此找到了不一致的地方，所以我只想提醒一点，即自由固然是道德律的 ratio essendi［存在理由］，但道德律却是自由的 ratio cognoscendi［认识理由］。因为如果不是道德律在我们的理性中早就被清楚地想到了，则我们是决不会认为自己有理由去假定有像自由这样一种东西的（尽管它也并不自相矛盾）。但假如没有自由，则道德律也就根本不会在我们心中被找到了。——康德

它们的可能性就能够和必须在这种实践的关系中被假定下来,但却不是在理论上认识和看透它们。对于后面这种要求来说,在实践的意图中它们不包含任何内部的不可能性(不包含矛盾)就够了。在这里,于是就有与思辨理性相比较只是主观的认其为真(Fürwahr halten)的根据,而这根据毕竟对某种同样纯粹的、但却是实践的理性而言是客观有效的,因而就通过自由的概念使上帝和不朽的理念获得了客观的实在性和权限,甚至获得了假定它们的主观必要性(纯粹理性的需要),而理性却并没有借此在理论的知识中有所扩展,倒只是这种原先不过是问题、而这里成了断言的可能性被给予了,于是,理性的实践运用就和理论运用的诸要素联结起来了。而这种需要绝不是思辨的随便哪个意图的假设性的需要,即如果人们想要在思辨中上升到理性运用的完成就必须假定某种东西,相反,它是一种合规律的假定某物的需要,舍此,我们应当不放松地建立为自己行为举止的意图的东西就不可能发生了。

当然,会使我们的思辨理性更为满意的是,直截了当地独立解决那些课题,并把它们作为洞见而为实践的运用保存下来;不过我们的思辨能力却从来不曾处于这么好的状况。那些自夸有这样一种高级知识的人在这方面不应当保守,而应当把它们公开地展示出来,供人检验和赞扬。他们想要证明;好吧! 他们尽可以去证明,而批判将把自己的全部武器放到他们这些胜利者的脚边。Quid statis? Nolint.Atqui licet esse beatis.①——所以,既然他

_____

①　拉丁文:"为什么站着? 他们不愿意。但他们本可以是幸福的。"语出贺拉斯:《讽刺诗集》,第一卷,第一节,第19行。——德文编者

们事实上不愿意，估计是由于他们不能够，我们就不得不只有又重新拿起那些武器，以便到理性的道德运用中去寻找、并在这种运用中建立起上帝、自由和不朽这些概念，而思辨并未给它们的可能性找到充分的担保。

　　在这里也就第一次澄清了这个批判之谜：为什么我们能够否认在思辨中诸范畴的超感官运用有客观的实在性，却又承认它们①在纯粹实践理性的客体方面有这种实在性；因为只要我们仅仅按照名称来了解这样一种实践的运用，上述情况就不能不在事先看起来必定显得是前后不一致的。但现在，如果我们通过对这种实践运用②的彻底的分析而觉察到，上述实在性在这里根本不是通向范畴的任何理论性的使命和把知识扩展到超感官的东西上去的，而只是借此指明，无论何处这些范畴在这种关系中都应得到一个客体，因为它们要么被包含在先天必然的意志规定之中，要么就是与意志规定的对象不可分割地结合着的，这样，那种前后不一致就消失了，因为我们对那些概念作了一种不同于思辨理性所需要的另外的运用。相反，现在就展示了一种原先几乎不能指望的、对思辨性批判的一贯思维方式的十分令人满意的证实，即由于这个批判再三叮嘱，要把经验的对象本身、甚至其中我们自己的主体都看作现象，但又要把自在之物本身作为这些现象的基础，因而并不把一切超感官的东西都看作虚构、也不把它们

----

　　① 据埃德曼（Erdmann），此处"它们"（ihnen，指"诸范畴"）应为"它"（ihm），指这种"运用"。——德文编者

　　② "这种实践运用"原文为 der letzteren，只可能是指后一种（实践的而非思辨的）"实在性"，那托普（Natorp）和阿底克斯（Adickes）均主张将 der 校改为 des，指"实践的运用"，兹从二氏。——德文编者

的概念看作空无内容的：则实践理性自身现在就独立地、未与那个思辨理性相约定地，使因果性范畴的某种超感官的对象、也就是自由，获得了实在性（尽管是作为实践的概念、也只是为了实践的运用），因而就通过一个事实证实了这个在那里只能被思维的东西。于是与此同时，思辨的批判的那个令人惊讶的、虽然是无可争议的主张，即甚至思维的主体**在内部直观中**对它自己来说也只是现象，也就显然在实践理性的批判中如此好地得到了它完全的证实，以至于即使前一个批判根本不曾证明这一命题，我们也必定会想到这个证实。①

由此我也就懂得了，为什么至今还在向我提出的针对批判的最大反驳恰好都在围绕着两个要点打转：一方面，被使用于本体上的范畴在理论知识上被否定而在实践知识上被肯定的客观实在性，另一方面，那个似非而是的要求，就是使自己作为自由的主体成为本体，同时却又在自然方面使自己成为自己独特的经验性意识中的现象。因为只要人们还没有为自己形成任何有关自由和德性的确定概念，人们就不能猜出，一方面，他们要把什么当做本体来为所谓的现相奠定基础，另一方面，假如人们预先已经把纯粹知性在理论的运用中的一切概念都唯一地用在现相上了，那么是否在任何地方也有可能还对本体形成某种概念。只有对实

①　由德性法则来确定的作为自由的原因性和由自然法则来确定的作为自然机械作用的因果性［按："原因性"和"因果性"均为德文 Kausalität 之译，本书将视涉及自由或自然而采取两种不同译法。——译者］，都是在同一个主体即人之中确定下来的，前者与后者的协调一致，如果不把人与前者相关设想为在纯粹的意识中的自在的存在者本身，与后者相关则设想为在经验性的意识中的现象，那就是不可能的。不这样做，理性与自己本身的矛盾就是不可避免的。——康德

践理性的一个详细的批判才能消除这一切误解,并把正好构成实践理性最大优点的那种一贯的思维方式置于澄明之中。

需要辩护的只是:为什么在这部著作中,纯粹思辨理性的那些概念和原理,固然已经经受过了它们的特殊的批判,在此还时时再一次地被加以检验,这种做法通常对于一门必须建立的科学的系统化进程来说是不太适当的(因为已被判定的事按理来说只需引证,而不必再加讨论),但在此处却是允许的,甚至是必要的:因为理性连同那些概念是在向另一种运用的过渡中被考察的,这种运用完全不同于理性在彼处对这些概念的运用。但一个这样的过渡就使得把旧的运用和新的运用加以比较有了必要,以便把新的轨道和以前的轨道很好地区别开来,同时又让人注意到它们的关联。所以我们将把对这种类型的考察,此外还有那些再次针对自由概念、但却在纯粹理性的实践运用中的考察,不是看作例如仅仅要用来弥补思辨理性之批判体系的漏洞的插叙(因为这个体系在自己的意图中是完备的),也不是像在一栋仓促建造的房子那里常会做的那样,在后面还安上支柱和扶垛,而是看作使体系的关联变得明显可见的真实环节,为的是使那些在彼处只能悬拟地设想的概念,现在可以在其实在的体现中被看出来。这个提醒尤其是针对自由概念的,对这个概念我们不能不惊奇地注意到,还有这么多人,仅仅由于他们在心理学的关系中来考察它,就自夸可以完全看穿它并能解释它的可能性。然而,假如他们事先在先验的关系中仔细掂量过这个概念,他们就既会认识到它作为在思辨理性的完备运用中的悬拟概念的不可缺少性,同时也会认识到它的不可理解性,并且,假如他们此后将它带到实践的运用上来,他们必定会自己在这运用的诸原理上恰好想到这种运用的上述规定,这个规定是他们平时不会太愿意承认的。自由概念对于一切经验论者都是绊脚石,但对于批判的道德学家也是开启最崇高的实践原理的钥匙,这些道德学家由此看出,他们不可避免地必须合理地行事。为此之故,我请求读者不要把在分析论的结论那里关于这个概念所说的话以草率的眼光忽略而过。

　　这样一个体系,当它在这里由纯粹实践理性从对自己的批判中发展出来时,所花费的辛劳,尤其在为了不误解那个正确的观点、即这个体系的整体借以能被准确勾画出来的那个正确观点这方面的辛劳是多还是少,我必须留给这样一类工作的行家去评判。该体系虽然以《道德形而上学基础》为前提,但只限于这部著作使人预先熟悉一下义务原则、提出一个确定的义务公式并为之说明理由的范围内①;除此之外这个体系是独立自存的。至于说没有把对一切实践科学的划分像思辨理性的批判曾做过的那样为了完备性而附加进来,对此也可以在这个实践理性能力的性状中找到有效的根据。因为把义务特殊地规定为人类的义务以便对它们进行划分,这只有当这一规定的主体(人)按照他借以现实存在的性状尽管只是在关系到一般义务而必要的范围内预先被认识以后,才有可能;但这种规定不属于一般实践理性批判,后者

---

　　①　一个曾想对这本书表示某种责难的评论家,当他说:这里面没有提出任何新的道德原则,而只是提出了一个新的公式,这时他比他自己也许想要表达的意思更为切中要点。但是,谁想过还要引进一切道德的某种新原理并仿佛要首次发现它呢?就好像在他之前世界曾经在什么是义务这点上一无所知或是陷入了完全的错误似的。但谁要是知道一个极其严格地规定依照题目应该做什么而不许出错的公式对于数学家意味着什么,他就不会把一个对所有的一般义务而言都做着同一件事的公式看作某种无意义的和多余的了。——康德

9

只应当完备地指出一般实践理性的可能性、它的范围和界限的诸原则,而不与人的自然本性发生特殊的关系。所以这种划分在这里属于科学的体系,而不属于批判的体系。

　　某位热爱真理、思想尖刻、但正因此却永远值得敬重的评论家对《道德形而上学基础》提出自己的反驳说,善的概念在那里没有先于道德原则而得到确定(而在他看来这是必要的)①,对此我相信我已在分析论的第二章中给予了充分的考虑;我同样也顾及到了那些显露出一心要弄清真相的意愿的人士对我提出的好些别的反驳(因为那些只是死盯着自己的旧体系、已经事先决定了应当赞成什么或反对什么的人,反正不需要任何有可能妨碍他们

---

　　①　人们还有可能对我作这样的反驳:为什么我对欲求能力或是愉快情感的概念事先也没有加以解释;虽然这种责难将会是不公平的,因为人们应当可以正当地把这一解释当做在心理学中已被给予的预设下来。当然,在那里这个定义有可能这样来建立,即愉快的情感将会是对欲求能力进行规定的基础(如同通常大部分事情实际上也是这样发生的一样),但这样一来,实践哲学的最高原则就必然会不得不丧失于经验性中了,而这一点却是首先必须澄清的,并在这个批判中受到了完全的驳斥。所以我想在这里作这样一个界说,这是为了一开始就不偏不倚地将这一争执之点存而不论所必须做的。——**生命**是一个存在者按照欲求能力的规律去行动的能力。**欲求能力**是存在者的这种能力,即通过其表象而成为该表象的对象的现实性之原因的能力。**愉快**是对象或行动与生命的**主观条件**、也就是与一个表象就其客体的现实性而言的原因性能力(或对主体产生一个客体的行动之诸力进行规定的能力)相一致的表象。为了批判从心理学中借用的那些概念,我不再需要什么了,剩下的是批判本身的事。人们很容易看出,愉快是否任何时候都必须为欲求能力奠定基础,或者它是否在某些条件下也会仅仅是跟随着欲求能力的规定而来,这个问题通过这一解释仍然是未决定的;因为这种解释完全是由纯粹知性的那些标志、即不含有任何经验性成分的诸范畴组成起来的。这样一种谨慎在全部哲学中都是十分值得推荐的,但却往往被忽视了,也就是忽视了在对概念进行完备的分析之前不要用一个冒失的定义抢先作出自己的判断,那种完备的分析常常只是在很晚才达到的。人们也将通过(理论理性的和实践理性的)批判的这个全过程发觉,在这一过程中存在有多种多样的机会去弥补哲学的陈旧的独断进程中的一些缺陷,并改正那些错误,这些错误在人们对诸概念作某种涉及这些概念的整体的理性运用之前是发现不了的。——康德

10

的私人意图的讨论）；并且我也将坚持继续这样做。

　　当涉及到按照其来源、内容和界限对人类灵魂的一种特殊能力进行规定时，人们虽然只能根据人类知识的本性从这些知识的各部分开始，从它们的精确的和（就按我们已经获得的知识诸要素①的目前状况来看是可能的而言）完备的描述开始。但还有另一种关注是更具有哲学性和建筑术性质的：这就是正确地把握整体的理念，并从这个理念出发，借助于通过某种纯粹理性能力把一切部分从那个整体概念中推导出来，而在其彼此之间的交互关系中紧盯住那一切部分。这种检验和保障只有通过最内在地熟 11 知这个体系才有可能，而那些在最初的探讨上已经感到厌烦、因而认为不值得花力气去获得这种熟知的人，是达不到第二个阶段、即综合地再现那原先分析地被给予的东西的综观阶段的，并且毫不奇怪，他们到处都发现不一致，虽然让他们费猜的那些漏洞并不会在体系本身中、而只会在他们自己的不相连贯的思路中找到。

　　我丝毫不担心对这部著作想要引入一种新的语言的责备，因为这一类的知识在这里本身是接近通俗性的。这种责备即使在第一批判那里也未能得到过任何一个不只是翻阅过这本书、而且详细研究过它的人的赞同。当语言在对给予的概念本来已经不缺乏任何表达的时候人为地去制造新语词，这是一种不通过新的真实思想、却想通过在一件旧衣服上加一块新补丁来使自己突出于众人之上的幼稚做法。因此，如果那本书的读者知道有更通俗的表达方式，它们却与我心目中那些表达方式那样同等地适合于

---

　　①　福伦德尔（Voländer）建议将"知识诸要素"校改为"灵魂的知识"。——德文编者

表达那种思想，或者他们敢于表明这些思想本身、因而每个标志这思想的表达方式同时也都是无意义的：那么在第一种情况下他们将使我十分感激，因为我只求被人所理解，但在第二种情况下他们就为哲学作出了贡献。但只要那些思想还站得住，则我很怀疑对此还可以找到既合适但又更通俗的表达方式。①

---

① 我在这里有时（比那种不理解）更为担忧的是对一些表达方式的误解，这些表达方式，我是以最大的小心挑选出来的，为的是使它们所指示的那个概念不被弄错。所以在实践理性的范畴表上处于模态这一标题下的允许的事和不允许的事（实践上客观的可能和不可能），与接下来的范畴义务和违背义务的事，在日常的语言用法中具有几乎相等的意义；但在这里，前者应当意味着与一个单纯可能的实践规范相协调或是相违背的东西（例如在解决几何学和机械学的所有问题时那样）。后者则应当意味着与一个现实地存在于一般理性中的规律处于这样一种关系中的东西；而这种含义的区分即使对于日常的语言用法也并不完全是陌生的，尽管有些不习惯。于是，例如对于一个演说家以这种身份是不允许去锻造新的语词和语词搭配的；对于诗人这在某种程度上是允许的；在这里人们在双方任何一方身上都没有想到义务。因为谁想要抛弃自己演说家的名声，没有人能够阻止他。这里所涉及的只是将命令放在或然的、实然的和必然的三种规定根据之下进行区分。同样，我在那个使不同哲学学派中的实践完善性的道德理念相互对立起来的附注中，区分开了智慧的理念和神圣的理念，虽然我自己把它们从根本上和客观上解释成了同样的。不过在这一处地方，我所理解的只是这样的智慧，即人们（斯多亚派）自以为拥有的、因而被主观地说成是人的属性的智慧。（也许斯多亚派也用来极力夸耀的德行这个术语可以更好地表明这一学派的特征。）但纯粹实践理性的悬设这一术语仍然是最会引起误解的，假如人们把它与纯粹数学上的、且带有无可置疑的确定性的那些设定［按：这里的"设定"和"悬设"均为德文 Postulat 一词，它来自拉丁文，兼有"要求"和"假设"二义。作为实践理性的"假设"显然还带有道德上的"要求"的意思，凡在此种场合权依关文运译作"悬设"，即高悬一个理想目标之意，以与一般意义上的"假设"（如《纯粹理性批判》中曾译为"公设"，见"经验思维的公设"部分）相区别。——译者］所具有的含义混淆起来的话。但纯粹数学上的悬设所设定的是某种行动的可能性，这种行动的对象我们可以先天地从理论上以完全的确定性预先认识到是可能的。而那个纯粹实践理性的悬设却是出自必然的实践规律来设定某种对象（上帝和灵魂不朽）本身的可能性的，所以只是为了实践理性而设定的；因为这种被设定了的可能性的确定性根本不是在理论上、因而也不是必然地、亦即不是在客体方面被认识到的必然性，而是在主体方面为了遵守实践理性的那些客观的、但却是实践的规律所必要的设定，因而只是必要的假设。我看不出能为这种主观的、但却真实和无条件的理性必要性找到什么更好的表达方式。——康德

采取这种方式,内心的两种能力即认识能力和欲求能力的先天原则从现在起就会被查清,并按照它们运用的条件、范围和界限得到规定了,但由此就会为一种作为科学的系统的、既是理论的也是实践的哲学奠定了更可靠的基础。

但假如有人出乎意料地发现,任何地方都根本不会有、也不可能有什么先天的知识,那么我们这番努力也许就不会遭遇到比这更糟糕的事了。不过对此我们丝毫不必担忧。这就如同有人想要通过理性来证明根本没有什么理性,是一样的情况。因为我们所说的只是,当我们意识到某物即使没有如在经验中那样对我们出现我们也是有可能知道它的,这时我们就通过理性而认识了某物;因而理性的知识和先天的知识是同样的。要想从一个经验命题中榨取必然性(ex pumice aquam)①,甚至想借这种必然性而使一个判断获得真正的普遍性(没有这种普遍性就没有理性的推理,因而也没有出自类比的推理,类比是一种至少是推测的普遍性和客观的必然性,因而总还是以真正的普遍性为前提的),那简直是自相矛盾。用主观必然性也就是习惯来偷换只发生于先天判断中的客观必然性,这就是否认理性有对对象下判断的能力,亦即否认它有认识对象、认识应归于对象的东西的能力,例如对于那经常和总是跟随在某种先行的状态之后的东西,不可以说我们能够从这种状态推论出那种东西(因为那就会意味着客观的必然性和关于某种先行联结的概念了),而只可以(以和动物类似的方式)指望相似的情况,这就是把原因的概念从根本上当做虚假

13

———————

① 拉丁文:从石中取水,典出古罗马诗人布劳图斯(Plautus)的《讽刺诗》,Ⅰ.1,41。——德文编者

的和仅仅是思维的欺骗而抛弃了。有人说，我们毕竟看不到任
何理由赋予别的有理性的存在者以另外一种表象方式，想要以
这种说法来弥补客观的和由此得出的普遍的有效性的上述那
种不足；假如这可以当做一个有效的推论的话，那么我们的无
知就可以比一切深思更多地有助于扩展我们的知识了。因为，
仅仅由于我们并不知道在人类之外的别的有理性的存在者，我
们就将会有权假定他们具有像我们对自己所认识到的那种性
状，这就是说，我们就将会现实地知道他们了。我在这里甚至
连提都没有提到：并不是认其为真的普遍性证明了一个判断的
客观有效性（亦即它作为知识的有效性），而是哪怕那样一个普
遍性偶尔也说得对，这却毕竟还不能当做是与客体相一致的一
个证明；毋宁说，只有客观有效性才构成了一个必然的普遍同
意的根据。

　　休谟也可能会在各种原理中的这一普遍经验论体系那里感
到十分心安理得；因为众所周知，他所要求的不是别的，而是要
在原因概念中假定一个单纯主观的必然性含义，也就是习惯，
来取代必然性的一切客观含义，以便否定理性的一切有关上
帝、自由和不朽的判断；并且他肯定十分擅长于这一点，以便只
要人们承认了他的这些原则，就能以一切逻辑的简明性从中得
出结论来。但就连休谟也没有使经验论达到这样一种普遍性，
以便把数学也囊括于其中。他认为数学命题是分析的，而假如这
一点有其正确性的话，这些命题事实上也将会是必然的，然而从
中却决不能引出结论说，理性在哲学中也有作出必然判断的能
力，因为这些判断将会是综合的（如因果性的命题）。但如果我们

假定了对这些原则的经验论是普遍的,那么数学也将会因此而被卷入其中①。

　　既然数学陷入了与只容许经验性原理的那种理性的冲突,例如这点在二律背反中就是不可避免的,这时数学无可反驳地证明了空间的无限可分性,经验论却不能允许这种无限可分性:那么演证的最大可能的自明性与出自经验原则的所谓推论就处在明显的矛盾之中,于是我们就不得不像切斯尔登②的盲人那样问道:是什么在欺骗我,视觉还是触觉?(因为经验论是建立在一种被感知到的必然性之上,唯理论则是建立在一种被洞见到的必然性之上。)这样,普遍的经验论就表现为一种真正的怀疑论了,人们曾错误地把这种怀疑论这样不作意义限制地加在休谟的头上③,因为他至少还在数学上为经验留下了一块可靠的试金石,而另一方面,怀疑论则完全不容许有经验的任何试金石(这永远只能在先天原则中找到),尽管经验不仅仅是由感知构成,而且也是由判断构成的。

　　但毕竟,由于在这样一个哲学的和批判的时代,很难有人认真地主张那种经验论,它也许只是为了要对判断力进行练习,而

15

---

①　见休谟《人类理解研究》第四章。另见他的著作《人性论》,这部著作更早,因而康德似乎并不熟悉或至少不会更详细地熟悉它。——德文编者

②　Cheselden,William(1688—1752),英国著名外科医生和解剖学家,其《骨论》被歌德在《形态学》中提到,而其《人体解剖》(德译本)于1790年出版于哥廷根。康德似乎(据那托普说)是从克斯特纳(Kaestners)对一本英文的光学著作的改写中摘引了以上报道的。——德文编者

③　表明某一宗派的追随者的名称任何时候都带有许多曲解,当有人说:某某是一个观念论者时,大约就是这样。因为即使他不仅完全承认、而且坚决主张,与我们对外物的表象相应的是外物的现实的对象,他却还是声称这些外物的直观形式不与这些对象相关,而只是与人的内心相关。——康德

且想通过对照把先天的理性原则的必然性更清楚地揭示出来,才
被提出来的:所以人们对于那些愿意费力去从事这样一种本来恰
好并无教益的工作的人,倒是会心怀感激的。

导言　实践理性批判的理念

理性的理论运用所关心的是单纯认识能力的对象,而关于这种运用的理性批判真正说来涉及的只是纯粹的认识能力,因为这种能力激起了在后来也得到了证实的疑虑,即它很容易超出自己的界限而迷失于那些不可达到的对象或者甚至是相互冲突的概念之中。理性的实践运用则是另一种情况。在这种运用中理性所关心的是意志的规定根据,这种意志要么是一种产生出与表象相符合的对象的能力,要么毕竟是一种自己规定自己去造成这些对象(不论身体上的能力现在是否充分)、亦即规定自己的原因性的能力。因为理性在这里至少能够获得意志规定,并且在事情只取决于意愿时,总是具有客观实在性的。所以在此第一个问题是:是否单是纯粹理性自身就足以对意志进行规定,还是它只能作为以经验性为条件的理性才是意志的规定根据。现在,这里出现了一个由纯粹理性批判提供了辩护理由、虽然不能作任何经验性描述的原因性概念,这就是自由的概念,并且如果我们目前能够找到一些理由去证明,这种属性事实上应属于人类的意志(并同样也属于一切有理性的存在者的意志),那么由此就并不只是

说明了纯粹理性可以是实践的，而且也说明只有纯粹理性、而不
是受到经验性的局限的理性，才是无条件地实践的。这样一来，
我们将要探讨的就不是一种纯粹实践的理性的批判，而只是一般
实践的理性的批判。因为纯粹理性一经被阐明了有这样一种理
性，就不需要任何批判了。纯粹理性是本身包含有对它的一切运
用进行批判①的准绳的。所以，一般实践理性批判有责任阻止以
经验性为条件的理性想要单独充当唯一对意志进行规定的根据
的僭妄。纯粹理性的这种运用，只是当有这样一种理性已被断定
时，才是内在的；相反，自以为具有独裁地位的、以经验性为条件
的纯粹理性运用则是超验的，它表现出完全超出自己领域地外去
提要求、发命令的特点，这与有关在思辨的运用中的纯粹理性所
能说出的东西是恰好倒过来的关系。

　　然而，由于以其知识在这里为实践的运用奠定基础的总还是
纯粹理性，所以实践理性批判的划分就总的纲要而言还是必须按
照思辨理性批判那样来安排。所以我们将必须有实践理性的一
个要素论和一个方法论，在第一部分要素论中，将必须有作为真
理规则的分析论，和作为对实践理性判断中的幻相的描述和解决
的辩证论。不过，在分析论底下的划分中的次序又将与纯粹思辨
理性批判中的次序相反。因为在当前的批判中，我们将从原理开
始而进到概念，而从概念出发才尽可能地进达感觉；反之，在思辨
理性那里我们则必须从感觉开始而在原理那里结束。其中的理
由又是在于：我们现在要涉及到的是意志，并且必须不是在与对

---

　　① 据维勒（Wille），应去掉"进行批判"几个字。——德文编者

象的关系中、而是在与这个意志及其原因性的关系中来考虑理性,因为不以经验性为条件的原因性的那些原理必须成为开端,在此之后才能够尝试去确定我们关于一个这样的意志的规定根　18据的、关于它在对象上的运用的、最后关于它在主体及其感性上的运用的那些概念。出自自由的原因性的规律,也就是任何一个纯粹实践原理,在这里都不可避免地成为开端,并规定着唯有这条原理才能够涉及到的那些对象。

第一部分

纯粹实践理性的要素论

第一卷　纯粹实践理性的分析论

第一章　纯粹实践理性的诸原理

§1. 解　题

实践的诸原理是包含有意志的一个普遍规定的那些命题,这个普遍规定统率着多个实践的规则。如果这个条件只被主体看作对他的意志有效的,这些原理就是主观的,或者是一些准则;但如果那个条件被认识到是客观的、即作为对每个有理性的存在者的意志都有效的,这些原理就是客观的,或者是一些实践的法则。①

注　释

如果我们假定纯粹理性在自身中就能包含有一个实践的、即足以规定意志的根据,那么就有实践的法则;但如果不是这样,则一切实践原理就会只是准则而已。在一个有理性的存在者受到

① 法则(Gesetze),亦可译为"规律",但在实践问题上译"法则"为好,在自然科学上仍译"规律"。——译者

病理学上的①刺激的意志中,可以发现有诸准则与他自己所认识
到的实践法则的冲突。例如,一个人可以将有辱必报作为自己的
准则,但同时却又看到这并非什么实践的法则,而只是他的准则,
反之,它作为对每一个有理性的存在者的意志而言的规则,就可
能在同一个准则中自己与自己不一致。在自然知识中凡发生的
事情的原则(例如在运动的传递中作用和反作用相等的原则)同
时就是自然规律[法则];因为理性的运用在那里是理论上的,是
通过客体的性状规定了的。在实践的知识中,即在只是涉及到意
志的规定根据的知识中,人们为自己所制定的那些原理还并不因
此就是他不可避免地要服从的法则,因为理性在实践中与主体相
关、即与欲求能力相关,而这规则又会以多种方式视欲求能力的
特殊性状而定。——实践的规则任何时候都是理性的产物,因为
它把行动规定为达到作为目的的效果的手段。但这种规则对于
一个不完全以理性作为意志的唯一规定根据的存在者来说是一
种命令,即这样一条规则,它以表达出行动的客观必要性的应当
作为标志,并且也意味着,假如理性完全规定了意志,那么行动就
会不可避免地按照这一规则发生。所以这些命令是客观有效的,
并且完全不同于作为主观原理的准则。但这些命令要么单只考
虑到结果及其充分性,来规定有理性的存在者的、作为起作用的
原因的原因性的那些条件,要么只规定意志,不管它是否足以达
到结果。前者将会是假言命令,并只包含熟巧的规范;反之,后者

----

① "病理学上的"(pathologisch)在康德哲学中的含义是"由感性冲动所规定
的",即合乎自然律的,可参看《纯粹理性批判》A534 即 B562 和 A802 即 B830。——
译者

则将是定言的,并且将是唯一的实践法则。所以准则虽然是一些原理,但并不是命令。但命令本身如果是有条件的,就是说,如果它们不是把意志绝对地作为意志来规定,而只是考虑到某种被欲求的结果来规定,即如果只是些假言命令,那么它们虽然是实践的规范,却绝不是实践的法则。实践的法则必须还在我问自己是否根本上具有达到一个欲求的结果所要求的能力、或为了产生这一结果我必须做什么之前,就足以把意志作为意志来规定了,因而它们必须是定言的,否则就不是什么法则了:因为它们没有必然性,这种必然性如果要作为实践的必然性,就必须不依赖于那些病理学上的、因而是偶然附着于意志之上的条件。例如,如果有人说,他在年轻时必须劳动和节省,以免老来受穷:那么这就是意志的一条正确的同时又是重要的实践规范。但我们很容易看出,意志在这里是被指向了某种别的东西,即人们预设为它所欲求的那种东西,而人们不必过问他这个行动者本人的这一欲求,是他在他自己所挣得的财产之外还指望有别的资助来源呢,还是他根本就不希望活到老,或者是想自己在将来处于困境时可以勉强应付。唯一能够从中产生出应含有必然性的一切规则的那个理性,虽然也把必然性置于它的这个规范中(因为否则这个规范就根本不会是命令了),但这个必然性只是以主观为条件的,且我们不能在一切主体中以同等程度来预设它。但理性的立法所要求的是,它只需要以自己本身为前提,因为规则只有当它无须那些使有理性的存在者一个与另一个区别开来的偶然的主观条件而起作用时,才会是客观而普遍地有效的。当我们对一个人说,他决不应当以谎言作许诺,那么这是一个只涉及到他的意志的规则;不管这人所可能有的那些意图是否能够通过这个意志而达到;只有这个意愿才是应当通过那个规则完全先天地得到规定的东西。现在如果发现这条规则在实践上是正确的,那么它就是一条法则,因为它是一个定言命令。所以,实践法则仅仅与意志相关,而不管通过意志的原因性做出了什么,而且我们可以把这种原因性(作为属于感官世界的东西)抽象掉,以便纯粹地拥有法则。

§2. 定理 I.

将欲求能力的一个客体(质料)预设为意志的规定根据的一切实践原则,全都是经验性的,并且不能充当任何实践法则。

我把欲求能力的质料理解为一个被欲求有现实性的对象。既然对这个对象的欲望先行于实践规则,并且是使这一规则成为自己的原则的条件,所以我就说(第一):这条原则于是任何时候都是经验性的。因为这样一来,规定这个任意的根据就是一个客体的表象,以及这表象对主体的那样一种关系,通过它,欲求能力就被指定去使这客体成为现实。但对主体的这样一种关系就是对一个对象的现实性感到的愉快。所以这种愉快必将被预设为规定这任意的可能性条件。但关于某一个对象的不论哪一个表象都决不能先天地认识到:它是与愉快或不愉快结合在一起的,还是与之漠不相关的。所以在这种情况下对任意的规定根据任何时候都必定是经验性的,因而把这规定根据预设为条件的那条实践的质料原则也必定是经验性的。

既然(第二)一个仅仅建立在某种愉快或不快的感受性(它任何时候都只能被经验性地认识,而不能对于一切有理性的存在者都以同样的方式有效)这一主观条件之上的原则,虽然对拥有这种感受性的那个主体也许可以用作感受性的准则,但甚至就对这种感受性①本身来说(由于这原则缺乏必须被先天认识到的客观必然性)也不能用作法则:那么,一个这样的原则永远也不能充当一条实践的法则。

§3. 定理 Ⅱ.

一切质料的实践原则本身全都具有同一种类型,并隶属于自爱或自身幸福这一普遍原则之下。

出自一件事物的实存的表象的愉快,只要它应当作为对这个事物的欲求的规定根据,它就是建立在主体的感受性之上的,因为它依赖于一个对象的存有;因而它属于感官(情感),而不属于知性,后者按照概念来表达表象与一个客体的关系,却不是按照情感来表达表象与主体的关系。所以这种愉快只有当主体对于对象的现实性所期待的那种快意的感觉规定着欲求能力时,才是实践的。但现在,一个有理性的存在者对于不断伴随着他的整个存有的那种生命快意的意识,就是幸福,而使幸福成为规定任意的最高根据的那个原则,就是自爱的原则。所以,在从任何一个对象的现实性都可以感觉到的愉快或不快中建立起规定任意的

---

① 后面这两个"感受性"据 Wille 均应作"主体"。——德文编者

最高根据的那一切质料的原则,就它们全部属于自爱或自身幸福的原则而言,都完全具有同一个类型。

绎　　理

一切质料的实践规则都在低级欲求能力中建立意志的规定根据,并且,假如根本没有足以规定意志的单纯形式的意志法则,那甚至就会没有任何高级的欲求能力能够得到承认了。

注　释　Ⅰ.

人们必定会奇怪,为何有些平时很精明的人士会相信,从与愉快情感结合着的**诸表象**是在感官中还是在知性中有其来源,就可以找出低级欲求能力和高级欲求能力之间的区别。因为当我们追问欲求能力的规定根据,并将这些根据建立在可从任何某物那里期待的快意中时,问题的关键根本不在于这个令人快乐的对象的表象来自何处,而只在于它令人快乐到什么程度。如果一个表象,哪怕它在知性中有其位置和起源,却只能通过以主体中某种愉快的情感为其前提来规定任意,那么它要作为规定任意的根据就完全依赖于内感官的这种性状,亦即内感官由此而能被激发起快意来的性状。诸对象表象尽可以有如此不同的性质,尽可以是与感官表象对立的知性的、甚至理性的表象,但毕竟,它们本来唯一借以构成意志的规定根据的那种愉快情感(快意,及人们从那推动着创造客体的活动的东西中所期待的快乐)却具有同一种类型,这不仅在于它任何时候都只能被经验性地认识,而且也在于它刺激起了表现在欲求能力中的同一个生命力,并由于这一点而与任何其他规定根据除了在程度上之外不能够有任何差异。否则的话，我们将如何能够在两个就表象方式而言完全不同的规定根据之间依其大小来作一比较，以优选出那最多地刺激起欲求能力的规定根据呢？正是同一个人，他可以将他只到手一次的一本对他富有教益的书未经阅读就退还，以免耽误打猎，可以在一场精彩讲演的中途退场，以免迟误进餐，可以抛开一次他平时很看重的理性话题的交谈，以便坐到牌桌的旁边，甚至可以拒绝他平时乐意接济的穷人，因为他现在口袋里刚好只剩下要用来买一张喜剧门票的钱了。如果意志的规定建立在他从任何一个原因那里都可以期待的快意和不快意的情感之上，那么他通过哪一个表象方式被刺激起来，这对于他完全是一样的。唯独这种快意有多么强烈，多么长久，多么容易获得和多么经常重复，才是他为了作出选择而看重的。正如对于那需要花费金钱的人，只要这金钱到处都被以同样的价值接受，那么它的材料即金子是从矿山挖出来的，还是从沙里淘出来的，这都完全是一样的，同样，如果一个人只看重生命的快意，他就决不会问是知性表象还是感官表象，而只会问这些表象在最长时间内给他带来多少和多大的快乐。只有那些想要否认纯粹理性有能力不预设任何一种情感而规定意志的人，才可能如此远离他们自己的解释而误入歧途，以至于 27 将他们先已用同一个原则表达出来的东西在后来却解释为完全不同性质的。例如我们发现，人们也能够由于单纯使用力量，由于意识到在战胜那些与我们的决心作对的障碍时自己的刚毅精神，由于对心灵天赋的培养等等感到快乐，我们有理由把这称之为高尚的兴致情趣，因为这些快乐比别种的快乐更受我们的控制,不会被耗损,反而增强着还要更多地享受它们的情感,并在它们使人心旷神怡之际同时陶冶这种情感。但是,这就正如同那些热衷于在形而上学中招摇撞骗的无知之辈,他们设想物质如此精细,如此过于精细,以至于他们自己对此都要感到晕眩,于是就相信自己以这种方式臆想出了一种精神的但却有广延的存在物。如果我们同意伊壁鸠鲁,在德行上仅仅听任它所许诺的快乐来规定意志:那么我们就不能此后又责备他,说他把这种快乐与那些最粗劣的感官快乐看作是完全等同的;因为我们根本没有理由诿过于他,说他把我们心中的这种情感借以激发起来的那些表象仅仅归之于肉体感官了。如同人们能够猜到的,他同样也曾在更高的认识能力的运用中为这些表象中的许多寻求了来源;但这并没有阻止他、也不能阻止他根据前述原则把或许是由那些智性的表象提供给我们的那种快乐本身完全看作是同样的,这些表象唯有借此才能作为意志的规定根据。前后一贯是一个哲学家的最大责任,但却极少见到。古希腊的那些学派在这方面给我们提供的例证比我们在我们这个调和主义的时代所找到的更多,在我们这里,各种相矛盾的原理的结合体系被极其虚伪和肤浅地做作出

28 来,因为它更受那种公众的欢迎,他们满足于什么都知道一点,而整体上一无所知,但却对一切都能应付自如。自身幸福的原则,不论知性和理性在其上可以有多少运用,对于意志来说却只不过包含有与低级欲求能力相适合的那些规定根据,所以,要么就根本没有什么高级欲求能力,要么纯粹理性必定自身独自就是实践的,也就是可以只通过实践规则的形式来规定意志,而无须任何一个情感作为前提,因而无须那些快适或不快适的表象、即欲求

能力的质料的表象,这种质料任何时候都是诸原则的经验性条件。只不过这样一来,理性只有在它自己独立地规定意志(而不是服务于爱好)时,它才是病理学上可规定的欲求能力所从属的真正高级的欲求能力,并且是现实地、甚至在种类上与前一种欲求能力不同的,以至于哪怕和那些爱好的冲动有丝毫的混杂都会损害理性的强度和优越性,正如把丝毫经验性的东西作为一个数学演证的条件就会贬低和取消这一演证的尊严和坚定性。理性以一个实践法则直接规定意志,不借助于某种参与其间的愉快和不愉快的情感、哪怕是对这一法则的愉快和不愉快的情感,而是只有凭借它作为纯粹理性能够是实践的这一点,才使它是立法的成为了可能。

注　释　II.

获得幸福必然是每个有理性但却有限的存在者的要求,因而也是他的欲求能力的一个不可避免的规定根据。因为对他自己全部存有的心满意足决不是某种本源的所有物,也不是以对他的独立自主的意识为前提的永福,而是一个由他的有限本性自身纠缠着他的问题,因为他有需要,而这种需要涉及到他的欲求能力的质料,也就是某种与作为主观基础的愉快或不愉快的情感相关的东西,借此就使他为了对自己的状态心满意足所需要的东西得到了规定。但正是由于这个质料上的规定根据只能经验性地被主体所认识,所以就不可能把这项任务看作一个法则,因为法则作为在一切场合、对一切有理性的存在者都是客观的,而必定会包含有意志的同一个规定根据。因为,虽然幸福的概念到处都成为诸客体与欲求能力的实践关系的基础,但这个概念毕竟只是那些主观的规定根据的普遍称谓,而并未作任何特殊的规定,而这种规定却正是在这一实践的任务中所唯一要关心的,没有这个规定这一任务就根本不可能得到解决。因为每个人要将他的幸福建立在什么之中,这取决于每个人自己特殊的愉快和不愉快的情感,甚至在同一个主体中也取决于依照这种情感的变化的各不相同的需要,所以一个主观上必要的法则(作为自然规律)在客观上就是一个极其偶然的实践原则,它在不同的主体中可以且必定是很不相同的,因而永远不能充当一条法则,因为在对幸福的欲望上并不取决于合法则性的形式,而只是取决于质料,亦即取决于我在遵守法则时是否可以期望快乐,和可以期望有多少快乐。自爱的原则虽然可以包含有熟巧(即为意图找到手段)的普遍规则,但这样它们就只是一些理论性的原则①(例如那想要吃面包的人

30 就必须想出一副磨子来)。不过,基于这些原则的实践规范却永远不能是普遍的,因为欲求能力的规定根据是建立在愉快和不愉快的情感上的,这种情感永远也不能被看作是普遍地指向同一些对象的。

　　但即使假定有限的理性存在者在他们必须看作是他们的快乐或痛苦的情感的客体的东西上,同时甚至在他们必须用来达到快乐的客体、防止痛苦的客体的手段上,都想得完全一样,自爱的原则却仍然绝对没有可能被他们冒充为实践的法则,因为这种一

————————

① 在数学或自然学说中被称之为实践性的那些命题真正说来应当叫作技术性的。因为这些学说根本不关心意志规定;它们只表明可能行动的、足够产生出某种结果来的多样性而已,所以正如同所有那些表述原因与某个结果的关联的命题一样,也是理论性的。谁既然愿意有结果,他也就必须容忍有原因。——康德

致性本身仍然只会是偶然的。这个规定根据将仍然只不过是主观有效的和单纯经验性的,并且不会具有在每一个法则中所设想的那种必然性,即出自先天根据的客观必然性;除非我们决不把这种必然性冒充为实践的,而只是当做身体上的,亦即这行动是通过我们的爱好不可避免地强加于我们的,正如我们见到别人打呵欠时也不禁要打呵欠一样。人们宁可主张根本就没有什么实践的法则,而只有为了我们的欲望起见的劝告,而不能主张把单纯主观的原则提升至实践法则的等级,这些法则拥有完全客观的而非仅仅主观的必然性,并且必须通过理性先天地被认识,而不是通过经验(不论这经验如何具有经验性的普遍性)来认识。甚至那些一致的现象的规则被称之为自然规律[法则](例如力学的规律),也只是当我们要么实际上先天地认识它们,要么毕竟假定(如在化学中)如果我们看得更深刻时它们就会由客观根据而被先天认识时。不过在那些单纯主观的实践原则那里明确地被当成条件的是,不能把这任意的客观条件、而必须把这任意的主观条件作为它们的基础;因而,它们任何时候都只允许被作为单纯的准则、而永远不允许被作为实践的法则来说明。这第二个注释初看起来似乎只不过是咬文嚼字;但它却对只有在实践的研究中才可能被考察的极为重要的区别作了词语的规定。

§4. 定理Ⅲ.

如果一个有理性的存在者应当把他的准则思考为实践的普遍法则,那么他就只能把这些准则思考为这样一些不是按照质料,而只是按照形式包含有意志的规定根据的原则。

　　一个实践原则的质料是意志的对象。这个对象要么是意志的规定根据,要么不是。如果它是意志的规定根据,那么意志的规则就会服从于一个经验性的条件(服从于进行规定的表象对愉快和不愉快的情感的关系),于是它就不会是什么实践法则了。现在,如果我们把一切质料、即意志的每个对象(作为规定根据)都排除掉,那么在一个法则中,除了一个普遍立法的单纯形式之外,就什么也没有剩下来。所以一个有理性的存在者要么根本不能把自己的主观实践的诸原则即各种准则同时思考为普遍的法则,要么必须假定,唯有这些准则的那个单纯形式,即它们据以适合于普遍立法的形式,才使它们独立地成为了实践的法则。

注　释

　　准则中的何种形式适合于普遍立法,何种形式不适合于普遍立法,这一点最普通的知性没有指导也能分辨。例如,我把用一切可靠的手段增大我的财产定为了我的准则。现在我手中有一项寄存物,它的所有者已经去世,且没有留下任何与此相关的字据。这当然是我的准则所想要的。现在我想知道的只是,那条准则是否也可以被看作普遍的法则。于是我把那条准则应用到当前这个场合下,并且问,它是否能采取一个法则的形式,因而我是否有可能通过我的准则同时给出一条这样的法则:每个人都可以否认一件无人能证明是存放在他这里的寄存物。我马上就发觉,这样一条原则作为法则将会自我毁灭,因为它将使得任何寄存物

32

都不会有了。我在这方面所认识到的实践法则必须具有普遍立法的资格；这是一个同一性命题，因而是自明的。现在如果我说：我的意志服从一条实践法则，那么我就不能援引我的爱好（例如在当前情况下即我的占有欲）来作为意志的适合于某条普遍实践法则的规定根据；因为这种爱好要说它适于用作某种普遍的立法，那就大错特错了，毋宁说，它在一个普遍的立法形式中必定会自我耗尽。

因此，奇怪的是，那些明白事理的人士怎么会由于那对幸福的欲望、乃至每个人借以将这种欲望建立为自己意志的规定根据的那条准则是普遍的，就想到了由此而将之冒充为普遍的实践法则。因为一条普遍的自然规律[法则]既然通常都使一切相一致，那么在这里，如果人们想把一条法则的普遍性赋予这个准则，就恰好会导致与一致性的极端对立，导致这个准则本身和它的意图的严重冲突及完全毁灭。因为这时一切人的意志并不具有同一个客体，而是每个人都有自己的客体（他自己的称心事），这个客体即使能与别人的那些同样是针对他们自身的意图偶然相合，但还远不足以成为法则，因为人们有权偶尔所做的那些例外是无穷的，而根本不能被确定地包括进一个普遍的规则中去。以这种方式就出现了某种和谐，它类似于某一首讽刺诗中关于一对自杀夫妇的志同道合所描述的：啊！美妙的和谐！他之所愿，亦她之所想等等，或者人们关于国王弗兰西斯一世在皇帝查理五世①面前

_____

① 弗兰西斯一世（Francis Ⅰ, 1494—1547），法国国王；查理五世（Charles Ⅴ, 1500—1558），神圣罗马帝国皇帝。争霸欧洲的双雄。1522 年曾为米兰公国的地位发生争执。——译者

的自命自许所讲述的:我的兄弟查理所想要的(米兰),也是我想
要的。经验性的规定根据不宜于用作普遍的外部立法,但同样也
不宜于用作内部的立法;因为每个人都以自己的主体作为爱好
的基础,另一个人却以另一个主体作为爱好的基础,而在每一
个主体本身中具有影响的优先性的一会儿是这个爱好、一会儿
是另一个爱好。要找出一条法则将这些爱好全部都统辖在这个
条件下,即以所有各方面都协调一致来统辖它们,是绝对不可
能的。

§5. 课题 I.

　　设　　唯有准则的单纯立法形式才是一个意志的充分的规定
根据,

　　求　　那个唯一由此才能被规定的意志的性状。

　　由于法则的单纯形式只能由理性展示出来,因而绝不是感
官的对象,所以也不属于现象之列:于是它的表象作为意志的
规定根据就不同于在依照因果性法则的自然界中各种事件的
任何规定根据,因为在这些事件那里进行规定的根据本身必须
是现象。但如果没有对意志的任何别的规定根据、而只有那个
普遍的立法形式能够用作意志的法则:那么一个这样的意志就
必须被思考为完全独立于现象的自然规律、也就是独立于因果
性法则,确切说是独立于相继法则的。但一种这样的独立性在
最严格的理解上、即在先验的理解上,就叫作自由。所以,一
个唯有准则的单纯立法形式才能充当其法则的意志,就是自

由意志。

§6. 课题 Ⅱ.

设　一个意志是自由的，

求　那个唯一适合于必然地对它进行规定的法则。

由于实践法则的质料、即准则的某个客体永远只能作为经验性的东西被给予，但那独立于经验性的（也就是属于感官世界的）条件的自由意志却仍然必须是可以规定的：所以一个自由意志，独立于法则的质料却仍然必须在法则中找到一个规定根据。但在法则中，除了法则的质料之外所包含的就只有立法的形式了。所以立法的形式只要它被包含在准则之中，就是能够构成意志①的一个规定根据的唯一的东西。

34

注　　释

所以，自由和无条件的实践法则是交替地互相归结的。我在这里现在并不问：它们是否事实上也是不同的，而不是相反地，一个无条件的法则只不过是一个纯粹实践理性的自我意识，而纯粹实践理性却和自由的积极概念完全一样；而是要问，我们对无条件的实践之事的认识是从哪里开始的，是从自由开始，还是从实践法则开始。从自由开始是不可能的；这是由于，我们既不能直接意识到自由，因为自由的最初概念是消极的，也不能从经验中

----

① 　哈滕斯泰因（Hartenstein）将"意志"校作"自由意志"。——德文编者

推出这概念,因为经验提供给我们认识的只是现象的规律[法则],因而只是自然的机械作用、即正好是自由的对立面。所以,正是我们(一旦为自己拟定意志的准则就)直接意识到的那个道德律,它是最先向我们呈现出来的,并且由于理性将它表现为一种不被任何感性条件所战胜的、甚至完全独立于这些条件的规定根据,而正好是引向自由概念的。但是,对那个道德律的意识又是如何可能的呢? 我们能够意识到纯粹的实践法则,正如同我们意识到纯粹的理论原理一样,是由于我们注意到理性用来给我们颁布它们的那种必然性,又注意到理性向我们指出的对一切经验性条件的剥离。一个纯粹意志的概念源于前者,正如一个纯粹知性的意识源于后者一样。至于说这就是我们那些概念的真正的隶属关系,而德性首先向我们揭示了自由概念,因而实践理性以这个概念首先对思辨理性提出了最困惑不解的问题、从而凭这概念使之陷入最大的窘境,这由如下一点就已经得到了说明:由于从自由概念出发在现象中没有任何东西能够得到解释,相反,在这里自然机械作用永远必须充当引线,此外,当纯粹理性想要上升到原因系列中的无条件者时,它的二律背反就在这一方和那一方都同样地陷入到不可理解之中,然而后者(机械作用)至少在解释现象时有适用性,所以如果不是有德性法则及和它一起的实践理性的加入并把这个自由概念强加给了我们的话,我们是永远不会采取这一冒险行动把自由引进科学中来的。但就连经验也证实了我们心中的这一概念秩序。假定有人为自己的淫欲的爱好找借口说,如果所爱的对象和这方面的机会都出现在他面前,这种爱好就将是他完全不能抗拒的:那么,如果在他碰到这种机会的那座房子跟前竖立一个绞架,以便把他在享受过淫乐之后马上吊在那上面,这时他是否还会不克制自己的爱好呢?我们可以很快猜出他将怎样回答。但如果问他,如果他的君王以同一种不可拖延的死刑相威胁,无理要求他对于一个君王想要以莫须有的罪名来坑害的清白人提供伪证,那么这时尽管他如此留恋他的生命,他是否仍会认为克服这种留恋是有可能的呢?他将会这样做还是不会这样做,这也许是他不敢作出肯定的;但这样做对他来说是可能的,这一点必定是他毫不犹豫地承认的。所以他断定,他能够做某事是因为他意识到他应当做某事,他在自身中认识到了平时没有道德律就会始终不为他所知的自由。

§7. 纯粹实践理性的基本法则

36

要这样行动,使得你的意志的准则任何时候都能同时被看作一个普遍立法的原则。

注　释

纯粹几何学拥有一些作为实践命题的公设,但它们所包含的无非是这一预设,即假如我们被要求应当做某事,我们就能够做某事,而这些命题就是纯粹几何学仅有的那些涉及一个存有的命题。所以这就是一些从属于意志的某种或然条件之下的实践规则。但在这里的这条规则却说:我们应当绝对地以某种方式行事。所以这条实践规则是无条件的,因而是被先天地表象为定言的实践命题的,意志因而就绝对地和直接地(通过这条实践规则本身,因而这规则在此就是法则)在客观上被规定了。因为纯粹的、本身实践的理性在这里是直接立法的。意志作为独立于经验性条件的、因而作为纯粹意志,通过法则的单纯形式被设想为规定了的,而这个规定根据被看作一切准则的最高条件。这件事情是够令人惊讶的,并且在所有其他实践知识中都没有和它同样的事情。因为这个关于一个可能的普遍立法的、因而只是悬拟的先天观念,并不从经验中或任何一个外在意志中借来某种东西就被无条件地要求作为法则了。但这也并不是一个使被欲求的效果借此而可能的行动应当据以发生的规范(因为那样一来这规则就会永远以身体上的东西为条件了),而是一个单就意志各准则的形式来先天规定意志的规则,这时一个只是为了诸原理的主观形式之用的法则,作为借助于一般法则的客观形式的规定根据,至少是这样来设想它,就不是不可能的了。我们可以把这个基本法则的意识称之为理性的一个事实,这并不是由于我们能从先行的理性资料中,例如从自由意识中(因为这

37 个意识不是预先给予我们的)推想出这一法则来,而是由于它本身独立地作为先天综合命题而强加于我们,这个命题不是建立在任何直观、不论是纯粹直观还是经验性直观之上,虽然假如我们预设了意志自由的话,它将会是分析的,但这种自由意志作为一个积极的概念就会需要某种智性的直观,而这是我们在这里根本不能假定的。然而我们为了把这一法则准确无误地看作被给予的,就必须十分注意一点:它不是任何经验性的事实,而是纯粹理性的唯一事实,纯粹理性借此而宣布自己是原始地立法的(sic

volo,sic jubeo① ）。

绎　理

纯粹理性单就自身而言就是实践的,它提供(给人)一条我们称之为德性法则的普遍法则。

注　释

前面提到的这个事实是不可否认的。只要我们能分析一下人们对他们行动的合法性所作的判断:那么我们任何时候都会发现,不论爱好在这中间会说些什么,他们的理性却仍然坚定不移地和自我强制地总是在一个行动中把意志的准则保持在纯粹意志、即保持在它自己的方向上,因为它把自己看作先天实践的。现在,正是为了那种不顾意志的一切主观差异而使这个德性原则成为意志的形式上的最高规定根据的普遍形式,理性才同时把这个德性原则宣布为一条对一切有理性的存在者而言的法则,只要他们一般地具有意志,即具有一种通过规则的表象来规定自己的原因性的能力,因而,只要他们有能力根据原理、从而也根据先天的实践原则(因为唯有这些原则才具有理性对原理所要求的那种必然性)来行动。所以这条原则并不仅仅限于人类,而是针对一切具有理性和意志的有限存在者的,甚至也包括作为最高理智的无限存在者在内。但在人类的场合下这条法则具有一个命令的

38

———————

① 拉丁文:我行我素。直译为:如何想,就如何吩咐。——译者。典出尤维纳利斯(Juvenals)的《讽刺诗》,Ⅳ.223;Hoc volo, sic iubeo, sit pro ratione voluntas［如何想,就如何吩咐,听凭意志的理由而定］。——德文编者

形式,因为我们对于那虽然是有理性的存在者的人类能预设一个
纯粹的意志,但对人类作为由需要和感性动因所刺激的存在者却
不能预设任何神圣的意志,亦即这样一种意志,它不可能提出任
何与道德律相冲突的准则。因此道德律在人类那里是一个命令,
它以定言的方式提出要求,因为这法则是无条件的;这样一个意
志与这法则的关系就是以责任为名的从属性,它意味着对一个行
动的某种强制,虽然只是由理性及其客观法则来强迫,而这行动
因此就称之为义务,因为一种在病理学上被刺激起来的(虽然并
不由此而规定了的、因而也总是自由的)任意,本身带有一种愿
望,这愿望来源于主观原因,因此也有可能经常与纯粹的客观的
规定根据相对立,因而需要实践理性的某种抵抗作为道德的强
制,这种抵抗可以称之为内部的、但却是智性的强制。在最大充
足性的理智中,任意就被正当地表现为不可能提出任何不同时可
以是客观法则的准则,而那个由此之故应归之于它的神圣性概
念,虽然没有使任意超乎一切实践法则之上,但却使它超乎一切
实践上有限制作用的法则之上,因而超乎责任和义务之上。意志
的这种神圣性仍然是一个不可避免地必须用作原型的实践理念,
无限地逼近这个原型是一切有限的有理性的存在者有权去做的
唯一的事,而这个实践理念就把那自身因而也是神圣的纯粹德
性法则经常地和正确地向他们指出来,确保德性法则的准则之
进向无限的进程及这些准则在不断前进中的始终不渝,也就是
确保德行,这是有限的实践理性所能做到的极限,这种德行本
身至少作为自然获得的能力又是永远不能完成的,因为这种确
保在这种情况下永远不会成为无可置疑的确定性,而当做置信

则是很危险的。

§8.　定理Ⅳ. 　　　39

意志自律是一切道德律和与之相符合的义务的唯一原则：反之，任意的一切他律不仅根本不建立任何责任，而且反倒与责任的原则和意志的德性相对立。因为德性的唯一原则就在于对法则的一切质料（也就是对一个欲求的客体）有独立性，同时却又通过某个准则必须能胜任的单纯普遍立法形式来规定任意。但那种独立性是消极理解的自由，而纯粹的且本身实践的理性的这种自己立法则是积极理解的自由。所以道德律仅仅表达了纯粹实践理性的自律，亦即自由的自律，而这种自律本身是一切准则的这样的形式条件，只有在这条件之下一切准则才能与最高的实践法则相一致。因此，如果那个只能作为与法则联结着的欲望之客体而存在的意愿质料，被放进实践法则中**作为它的可能性条件**，那么从中就形成任意的他律，也就是对于遵从某一冲动或爱好这种自然规律的依赖性，而意志就不是自己给自己提供法则，而只是提供合理地遵守病理学上的规律的规范；但是，那以这种方式永远不能在自身包含有普遍立法形式的准则，不仅不能以这种方式建立起任何责任，而且甚至是与一个纯粹实践理性的原则、因而同时也与德性的意向相对立的，哪怕从中产生的行动可能是合法的。

注　释　Ⅰ.

所以，一个带有某种质料性的（因而经验性的）条件的实践规

40 范永远不得算作实践法则。因为,纯粹意志是自由的,它的法则把意志置于一个与经验性的领域完全不同的领域,而它所表达的必然性,由于不应当是任何自然必然性,所以就只能是一般法则的可能性的形式条件。实践规则的一切质料总是基于主观条件,这些条件使这些实践规则获得的绝不是对于有理性的存在者的普遍性,而只是那种有条件的普遍性(在我欲求这件那件我为了使之实现出来就必须随后去做的事情的场合下),而且它们全都以自身幸福的原则为转移。但现在,不可否认的是,一切意愿也都必须有一个对象,因而有一个质料;但质料并不因此就恰好是准则的规定根据和条件;因为如果它是这样,那么这个准则就不能表现为普遍立法的形式了,因为对于对象的实存的期待就会成了规定这个任意的原因,而欲求能力对某一个事物的实存的依赖性就必然会成为意愿的基础,这种实存永远只能到经验性的条件中去寻求,因此永远不能充当一个必然的和普遍的规则的根据。所以,别的存在者的幸福可以是一个有理性的存在者意志的客体。但假如这种幸福是准则的规定根据,那么我们必定就会预设:我们在他人的福利中不仅会找到一种自然的快乐,而且还会发现一种需要,正如同情的情致在人类那里所带来的那样。但我不能在每个有理性的存在者那里都预设这种需要(在上帝那里就根本不能)。所以,虽然准则的质料还保留着,但它不得作为准则的条件,因为否则这个准则就会不宜于用作法则了。所以一个限制质料的法则的单纯形式,必须同时是把这个质料加到意志上去的根据,但并不以质料为前提。例如,这个质料可以是我自身的幸福。这种幸福,如果我将它赋予每个人(如我事实上终归可以在有限的存在者那里做的那样），那么它就只有当我把别人的幸福也一起包括在它里面时，才能成为一个客观的实践法则。所以"促进别人的幸福"的法则并不是来自于"这①是对于每个人自己的任意的一个客体"这个前提，而只是来自于：理性当做给自爱准则提供法则的客观有效性的条件来需要的那个普遍性形式，成了意志的规定根据，所以这客体（别人的幸福）不是纯粹意志的规定根据，相反，只有那单纯的合法形式才是如此，我借这种形式来限制我的立于爱好之上的准则，以便使它获得法则的普遍性，并使它这样来与纯粹实践理性相适合，只有从这种限制中，而不是从附加一个外在的动机中，将一个自爱的准则也扩展到别人的幸福上去的责任的概念才能产生出来。

注　释　Ⅱ.

如果自身幸福的原则被当做意志的规定根据，那么这正好是与德性原则相矛盾的，如我前面已指出过的，一切将应当用作法则的规定根据不是建立在准则的立法形式中、而是建立在任何别的地方的原则，一般都必须算作此列。但这一冲突不单纯是逻辑的，如同在那些具有经验性条件、但人们却想将之提升为必然的知识原则的规则之间的冲突那样，而是实践的，并且假如理性向意志所发出的呼声不是如此清晰、如此不可盖过，甚至对于最平庸的人都听得分明，则这一冲突就会将德性完全摧毁了；但这一

---

① 原文 dieses 指"法则"，Vorländer 拟读为 diese，则是指"别人的幸福"。——德文编者

呼声于是就连在那些学派的搅混头脑的思辨中也仍然能够保持着，这些学派胆子够大的，为了坚持某种不值得伤脑筋的理论而对那种上天的呼声装聋作哑。

如果一位平时你很喜欢的密友以为这样就可以在你面前为自己所提出的伪证作辩护：他首先借口自身幸福是他所谓的神圣义务，然后列举他由此所获得的一切好处，举出他保持着防止任何人发现、甚至也防止你本人从各方面发现的聪明，他之所以只向你披露这个秘密，为的是这样他可以随时否认这一秘密；然后他却装得一本正经地说，他已履行了一项真正的人类义务：那么，你将要么会当面直接取笑他，要么会带着对他的厌恶而退避三舍，哪怕你在有人单依自身的好处来调整自己的原理时不能提出丝毫反对这一做法的理由也罢。或者假定有人向你们推荐一个人做管家说，你们可以不假思索地把你们的一切事务都托付给他，并且为了引起你们的信任，他称赞他是一个聪明人，在他自身的利益方面精于算计，他又是一个不知疲倦的勤快人，不会让任何这方面的机会不加利用地被放过去，最后，为了打消你们对他粗俗自私的顾虑，他称赞他如何懂得正派高尚的生活，不是在聚敛钱财和粗野的淫乐中，而是在扩展自己的知识中，在精心挑选的富有教益的交往中，甚至在为穷人做好事中，寻求自己的快乐，但此外，他并不会由于手段（手段的有价值或无价值毕竟只是来自目的）而有所顾忌，别人的钱和财物用在这方面，对他来说就像用他自己的一样，只要他知道他可以不被发现又不受阻碍地做这件事：那么你们就会相信，要么这位推荐人是在愚弄你们，要么他就是失去理智了。——德性和自爱

的界限如此清晰明确地判然二分,以至连最平庸的眼睛都根本
不会在区别一件事是属于德性还是属于自爱上面弄错的。下面
几点说明虽然对一个如此明显的真理可能显得是多余的,不过
它们至少还是可以用来使普通人类理性的判断获得更多一点
清晰性。

幸福原则虽然可以充当准则,但永远不能充当适宜作意志法
则的那样一些准则,即使人们把普遍的幸福当作自己的客体也
罢。这是因为,对这种幸福来说它的知识是基于纯粹的经验素材
上的,因为这方面的每个判断都极其依赖于每个人自己的意见, 43
加之这意见本身又还是极易变化的,所以,这判断尽可以给出一
般性的规则,但决不能给出普遍性的规则,即可以给出这样一些
最经常地切合于平均值的规则,但却不是这样一些必须任何时候
都必然有效的规则,因而,没有任何实践法则可以建立在这判断
之上。正因为如此,既然在这里任意的客体为任意的规则提供了
基础,因而必须先行于这个规则,所以这种规则仅仅只能与人们
所建议①的东西、因而与经验发生关系,并仅仅建立在它上面,而
在这里判断的差异性必然是无限的。所以这条原则并不为一切
有理性的存在者颁布同样一些实践规则,哪怕这些规则都置身
于一个共同的名目即"幸福"之下。但道德律只是由于它对每
一个有理性和意志的人都应当是有效的,才被设想为客观必
然的。

自爱的准则(明智)只是劝告;德性的法则是命令。但在人们

————————————

① 德文 empfiehlt(意为建议、劝告),依 Hartenstein 应作 empfindet(感
觉)。——德文编者

劝告我们做什么和我们有责任做什么之间毕竟有一个巨大的区别。

　　凡是按照任意的自律原则该做的事,对于最普通的知性来说都是很容易而且不加思考地就可以看出的;凡是在任意的他律前提下必须做的事则很难这样,它要求人世的知识;就是说,凡是作为义务的东西都自行向每个人呈现;但凡是带来真实而持久的好处的东西,如果要把这好处扩延到整个一生的话,都总是包藏在难以穿透的黑暗中,并要求有很多聪明来使与之相称的实践规则通过临机应变的例外哪怕只是勉强地与人生的目的相适应。然而德性法则却命令每个人遵守,就是说一丝不苟地遵守。所以在评判什么是按照德性法则所应该做的事上必定不是很难,最普通、最未经训练的知性哪怕没有处世经验也不会不知道处理的。

44　　　　遵守德性的定言命令,这是随时都在每个人的控制之中的,遵守经验性上有条件的幸福规范,这却只是很少才如此,且远不是对每个人都可能的,哪怕只在一个唯一的意图上。其原因是,由于事情在前者那里只取决于必然是真正的和纯粹的准则,在后者那里却还取决于使一个欲求对象实现出来的力量和身体能力。每个人应当力求使自己幸福这个命令是愚蠢的;因为人们从不命令某人做他已经免不了自行要做的事。人们必须命令他的只是这种做法,或不如说把这种做法提供给他,因为他不可能做到他想做的一切。但以义务的名义命令人有德性,这是完全合乎理性的;因为这种规范首先并不是恰好每个人都愿意听从的,如果它与爱好相冲突的话,至于他如何能遵守这一法则的那个做法,那么它在这里是不待别人来教的;因为在这方面凡是他想要做的,他也就能够做到。

　　在赌博中输了的人,也许会对自己和自己的不明智而恼火;但如果他意识到他在赌博中行了骗(哪怕他因此而赢了),那么只要他用德性法则衡量一下自己,他就必定会轻视自己。所以德性法则必定还是和自身幸福的原则有所不同的东西。因为,不得不对自己说:哪怕我的钱袋鼓鼓,我是一个卑鄙小人,这种说法比自我欣赏地说:我是一个明智的人,因为我充实了我的钱箱,毕竟还得有一条不同的判断准绳。

　　最后,在我们的实践理性的理念中,还有某种与触犯德性法则相伴随的东西,这就是它的该当受罚。但享受幸福与惩罚本身的概念却是根本不能联系起来的。因为一个人在实行惩罚的同时固然可能有善良的意图,要使这种惩罚针对幸福的目的,但毕竟,这种惩罚必须首先作为惩罚、即作为单纯的坏事而为自己提供理由,使得受罚者在情况依旧而他也看不出在这种严厉后面藏有任何好意的场合,自己都不得不承认这对于他是做得公正的,他的命运与他的行为是完全符合的。在任何惩罚本身中首先必须有正义,正义构成惩罚概念的本质。与正义相联系的虽然也可以有善意,但该当受罚者根据他的行为不能有丝毫理由对它作指望。所以惩罚是一种身体性的坏事,它即使并不会作为自然的后果而与道德上的恶联系起来,但却必定会作为按照道德立法原则的后果而与之联系起来。现在,如果一切犯罪,即使不看它对于作案人的身体性的后果,自身就是可惩罚的,亦即失去了(至少部分失去了)幸福,那么说犯罪恰好在于他由于破坏了他自身的幸福而招致了惩罚(按照自爱原则,一切犯罪的本来的概念必然都会是这样),这就显然会是荒谬的了。按照这种方式,惩罚就会是把某事称之为犯罪的根据了,而正义反倒必定会在于放弃一切惩罚,甚至阻止自然的惩罚;因为这样一来,在行动中就不再会有什么恶,因为本来会跟随而来的、仅仅为此一个行动才叫作恶的那种坏事,从现在起就会被防止了。但除此之外,把一切惩罚和奖励都只看作在一个更高权力手中的机关,它只应当用来促使有理性的存在者借此实现自己的最终意图(即自己的幸福),这一望而知是一种对他们的意志取消一切自由的机械论,所以我们在此不必多说。

　　虽然同样不真实、却更加精巧的是那些假定某种特殊的道德感官的人的托词,说是这种道德感官,而不是理性,规定了道德律,按照道德感官,德行的意识是直接与满足和快乐结合着的,而罪恶的意识则是与心灵的不安和痛苦结合着的,这样他们就终归把一切都置于对自身幸福的要求上去了。我在这里不想引述上面已说过的话,我只想对这里发生的那种错觉作点说明。为了把46 一个有罪之人表现为由于意识到自己的罪过而受内心不安所折磨的,他们就必须依据他品质的最主要的根基预先已经把他表现为至少有某种程度在道德上是善良的,正如把意识到合乎义务的行动就感到快活的人预先已表现为有德之人一样。所以毕竟,道德和义务的概念必须先行于一切对这种满足的考虑,而根本不能从这种满足中引申出来。但现在,为了在意识到自己与义务相符合时感到满足,为了当人们能够责备自己违犯道德律时感到痛苦的谴责,我们还必须预先估量一下我们称之为义务的东西的重要性、道德律的威望及遵守它而在个人自己的眼中所提供的直接价值。所以我们不可能先于对责任的知识而感到这种满足或心灵的不安，并将之作为这种知识的根据。为了能对那些感觉哪怕只是形成一个表象，我们也必须至少大体上已经是一个正派的人。此外，如同人类的意志由于自由而可以被道德律直接规定一样，按照这一规定根据而经常练习也可以最终在主观上造成一种对自己本身的满足感，这点我是完全不否认的；毋宁说，把这种唯一真正值得被称之为道德感的情感建立起来、培养起来，这本身是属于义务的；但义务概念却不能由此引申出来，否则我们就将不得不去设想对一个法则本身的情感，并把那只能通过理性设想的东西作为感觉的对象；这如果还不至于成为一种无聊的矛盾的话，也将会把一切义务的概念都完全取消了，而只不过代之以更精致的、时常与较粗鲁的爱好陷入纷争的那些爱好的机械作用。

如果我们现在比较一下我们的实践理性的那个形式上的（作为意志自律的）至上原理和德性的一切迄今的质料上的原理，那么我们就可以在一个表格中把其余的一切原理展示为这样一些原理，通过它们实际上同时也就穷尽了除唯一的形式上的场合外所有其他可能的场合，这样就显而易见地证明，要去搜求不同于现在所阐明的另外一条原则将是白费力气。——于是，意志的一切可能的规定根据要么是单纯主观的，因而是经验性的，要么也是客观的和合理的；但这两者都或者是外部的，或者是内部的。

47

48

在德性原则中实践的质料规定根据表

主观的				客观的	
外部的		内部的		内部的	外部的
教育 (据蒙田)	公民宪法 (据曼德维尔①)	自然情感 (据伊壁鸠鲁)	道德情感 (据哈奇逊)	完善 (据沃尔 夫和斯多 亚派)	上帝意志 (据克鲁修 斯② 和其 他神学道 德家)

49　　　　处于左边的原则全都是经验性的,因而显然根本不适合用作普遍的德性原则。但右边的原则是建立在理性之上的(因为作为物的性状的完善和被表现在实体中的最高完善,即上帝,两者都只有通过理性概念才能设想)。不过,前一个概念,即完善的概念,要么是在理论的含义上来了解的,这时它无非意味着任何一物在其种类上的完备性(先验的完备性),要么它意味着一物仅仅作为一般的物的完备性(形而上学的完备性),对此在这里不能谈及。但在实践含义上的完善概念是一物对各种各样目的的适应性和充分性。这种完善作为人的性状、因而作为内部的完善,无非就是天分,而加强或补充天分的东西就是熟巧。实体中的最高完善,即上帝,因而外部的完善(从实践的意图上来看),就是这种存在者对所有一般目的的充分性。所以,既然那些目的必须预先

---

　　① Mandeville,Bernand de(1670—1733),生于荷兰,本是医生,后定居英国并成为著名作家、哲学家,著有《蜜蜂寓言》,主张私人的罪过对公众有利。——译者

　　② Crusius,Chr.A.(1712—1775),德国启蒙学者,反对莱布尼茨—沃尔夫学派的理性主义和独断论。——译者

给予我们,而只有联系到这些目的,完善(我们自身的内部的完善
或上帝的外部完善)的概念才能成为意志的规定根据,但一个作
为必须先行于借实践规则对意志所作的规定、并包含着这规定的
可能性根据的客体的目的,因而那作为意志的规定根据来看的意
志的质料,任何时候都是经验性的,从而能够用作伊壁鸠鲁的幸
福论的原则,但决不能用作德性论的和义务的纯粹理性原则(正
如天分和对天分的促进只是由于它们对生活的利益有贡献,或者
正如上帝的意志,当与其相一致被当作意志的客体而无需先行
的、不依赖于上帝理念的实践原则时,就只有通过我们从中所期
待的幸福才能成为意志的动因),那么结果就是,第一,一切在此
提出的原则都是质料上的,第二,它们包括了一切可能的质料上
的原则,最后,由此推出的结论是:由于质料上的原则完全不适合
于用作至上的德性法则(如已经证明的),纯粹理性的形式的实践　50
原则,即那种因我们的准则而可能的一个普遍立法的单纯形式必
须据以构成意志的最高的直接规定根据的原则,就是适合于在规
定意志时用作定言命令即实践法则(这些法则使行动成为义务)、
并一般地适合于既在评判中又在应用于人类意志时用作德性原
则的唯一可能的原则。

I. 纯粹实践理性原理的演绎

这个分析论阐明,纯粹理性是实践的,亦即能够独立地、不依
赖于一切经验性的东西而规定意志——虽然这种阐明是通过一

个事实,在其中纯粹理性在我们身上证明它实际上是实践的,也就是通过理性借以规定意志去行动的那个德性原理中的自律。——这个分析论同时指出,这一事实是和对意志自由的意识不可分割地联系着的,甚至与它是毫无二致的,借此,一个属于感官世界并认识到自己和其他起作用的原因一样必须服从因果性法则的有理性的存在者,他的意志同时却又在实践中从另一方面,也就是作为自在的存在者本身,意识到自己的可以在事物的某种理知秩序中得到规定的存有,虽然不是按照对他自己的某种特殊的直观,而是按照某些能在感官世界中规定自己的因果性的力学性法则;因为自由,当它被赋予我们时,就把我们置于事物的某种理知秩序中,这是在别处已得到了充分证明的。

　　现在,如果我们把这个分析论与纯粹思辨理性批判的分析论部分加以比较,那么就显示出两者相互之间的一个鲜明的对比。在那里,使先天知识、确切地说只是对于感官对象的先天知识成为可能的最初的材料,不是原理,而是纯粹感性直观(空间和时间)。——从单纯概念而来的综合原理没有直观都是不可能的,毋宁说,这些原理只有在与本身是感性的那种直观的关系中,因而也只有在与可能经验的对象的关系中,才能发生,因为只有与这种直观结合着的知性概念才使我们称之为经验的那种知识成为可能。超出经验对象之外,因而关于作为本体之物,思辨理性就完全正当地被剥夺了知识的一切积极意义。——但思辨理性也做出了很多成绩:它保住了本体的概念,即保住了思考这类概念的可能性乃至必要性,并且例如说,它不顾一切反对意见,把从消极方面看的自由、即假定为与那纯粹理论理性的那些原理及各

51

种限制完全相容的自由拯救了出来,却并没有提供任何确定的和扩展性的东西来使这些对象得到认识,因为它毋宁说完全切断了对于这方面的一切展望。

与此相反,道德律尽管没有提供任何展望,但却提供出某种从感官世界的一切材料和我们理论理性运用的整个范围都绝对不可解释的事实,这个事实提供了对某个纯粹知性世界的指示,甚至对这个世界作出了积极的规定,并让我们认识到有关它的某种东西、即某种法则。

这个法则应当使感官世界作为一个感性的自然(在涉及到有理性的存在者时)获得某种知性世界的形式,即某种超感性的自然的形式,却并不破坏感官世界自身的机械作用。于是,最普遍意义上的自然就是在法则[规律]之下的物的实存。一般有理性的存在者的感性自然就是他们在以经验性为条件的那些规律之下的实存,因而对于理性来说就是他律。反之,正是这同样一些存在者,他们的超感性的自然就是他们按照独立于一切经验性条件、因而属于纯粹理性的自律的那些法则而实存。并且由于这些法则——按照这些法则,物的存有是依赖于知识的——是实践的:所以超感性的自然就我们能够对它形成一个概念而言,无非就是一个在纯粹实践理性的自律之下的自然。但这个自律的法则是道德的法则,所以它是一个超感性自然的及一个纯粹知性世界的基本法则,这个世界的副本应当实存于感官世界中,但同时却并不破坏后者的规律。我们可以把前者称之为原型的世界(natura archetypa①),

① 拉丁文:原型的自然。——译者

我们只是在理性中才认识它;而把后者称之为摹本的世界(natura ectypa①),因为它包含有作为意志的规定根据的、前一个世界的理念的可能结果。这是因为,实际上这个道德律依据该理念把我们置于某种自然中,在其中,纯粹理性假如伴随有与之相适合的身体能力,就会产生出至善来,这个道德律还规定我们的意志把这种形式赋予作为一个有理性的存在者整体的感官世界。

对自己本身加以最普通的注意,就会证实这个理念确实如同一种示范那样为我们的意志规定树立了楷模。

如果我在打算出庭作证时所依据的那个准则受到实践理性的检验,那么我总是要查看一下,假如这个准则作为一个普遍的自然律而起作用,它会是什么样子。很明显,它将会以这种方式迫使每个人说真话。因为,承认陈述具有证明作用却又故意不说真话,这是不能与自然律的普遍性相共存的。以同样的方式,我在自由处置自己的生命上所采取的准则也马上就可以规定下来,如果我问问自己,这准则必须是怎样的,才能使一个自然按照它的某种法则维持下去。显然,在这样一个自然中任何人都不会任意结束自己的生命,因为这样一种做法决不会是持久的自然秩序,在所有其他场合下,情况也是如此。但现在,在现实的自然中,只要它是一个经验对象,自由意志就不是由自己来确定这样一些能够独自按照普遍法则建立起一个自然、哪怕是自发地与这样一个按照这些法则来安排的自然相适合的准则;毋宁说,这是

53 一些私人爱好,它们虽然按照病理学上的(身体性的)规律构成一

———————————

① 拉丁文:复本的自然。——译者

个自然整体,但不是构成一个只有通过我们的意志、按照纯粹实践法则才有可能的自然。但我们仍然通过理性意识到一个法则,它是我们的一切准则都服从的,就好像凭借我们的意志必然会同时产生出一个自然秩序来一样。所以这个法则必定是一个并非经验性地被给予的、但却通过自由而可能的、因而是超感性的自然的理念,我们至少在实践方面给予它以客观实在性,因为我们把它看作我们作为纯粹有理性的存在者的意志的客体。

所以,在意志所服从的那个自然的规律[法则]和某种(在意志与其自由行动有关的事情上)服从一个意志的自然的法则[规律]之间作出区别是基于:在前者,客体必须是规定意志的那些表象的原因,但在后者,意志应当是这些客体的原因,以至于意志的原因性只是在纯粹的理性能力中有自己的规定根据,所以这个能力也可以称之为一个纯粹的实践的理性。

所以,这样两个课题是极不相同的:一方面,纯粹理性如何能够先天地认识客体,另一方面,它如何能够直接地(只通过它自己的作为法则的准则的普遍有效性的思想)就是意志的规定根据,即有理性的存在者在客体的现实性上的原因性的规定根据。

第一个课题属于纯粹思辨理性批判,它要求首先澄清:直观——没有它们无论什么地方都不能有任何客体被给予我们、因而也没有任何东西能被综合地认识——是如何先天可能的? 这个课题的解决导致这个结果:直观全都只是感性的,所以也不容许任何比可能经验所达到的范围走得更远的思辨知识成为可能,因此,那个纯粹思辨理性的一切原理所达到的无非是使经验成为可能,这经验要么是有关给予对象的,要么是有关那些可以无限地被给予、但却永远也不被完全给予的对象的。

　　第二个课题属于实践理性的批判,它并不要求澄清欲求能力的客体是如何可能的,因为这仍然作为理论的自然知识的课题而委托给了思辨理性的批判,而只要求澄清理性如何能够规定意志的准则,这件事是仅仅借助于作为规定根据的经验性表象而发生的呢,还是就连纯粹理性也是实践的,它是否是一个根本不能经验性地认识的可能的自然秩序的法则。这样一个超感性的自然,它的概念同时能够是通过我们的自由意志将它实现出来的根据,它的可能性不需要任何先天的直观(对一个理知世界的直观),这种直观在这种场合下作为超感性的直观,对我们来说也必然会是不可能的。因为问题只取决于意愿在它的准则中的规定根据,那根据是经验性的呢,还是一个纯粹理性概念(关于一般准则的合法则性的概念),并且它又如何可能是后一种情况。意志的原因性对于实现客体是不是足够的,这仍然是托付给理性的理论原则去评判的事,这就是研究意愿客体的可能性,因而对这些客体的直观在实践的课题中根本不构成它的任何契机。在这里,事情只取决于意志的规定和作为自由意志的意愿的准则的规定根据,而不取决于后果。因为,只要意志对于纯粹理性来说是合法则的,那么意志在实行中的能力就可以是无论怎样的任何情况,既可以按照对一个可能的自然的这些立法准则而现实地从中产生出这样一个自然来,也可以不这样,对此这个批判是根本不关心的,它在此只研究纯粹理性是否和如何能够是实践的、即能够直接规定意志的。

　　所以在这件工作中批判可以不受指责地从纯粹实践法则及

其现实性开始,并且必须从此开始。但它不是把直观、而是把这些法则在理知世界中的存有的概念、即自由的概念作为这些法则的基础。因为这个概念并没有任何别的意思,而那些法则只有在与意志自由相关时才是可能的,并且在以意志自由为前提时是必然的,或者相反,意志自由是必然的,是由于那些法则作为实践的悬设是必然的。至于对道德律的这种意识,或者这样说也一样,对自由的意识,是如何可能的,这是不能进一步解释的,不过它们的可容许性倒是完全可以在理论的批判中得到辩护。

55

对实践理性最高原理的阐明现在已经作出了,就是说,首先指明它包含什么内容,即它是完全先天地、不依赖于经验性原则而独立存在的;其次指明它在什么地方与其他一切实践原理区别开来。至于对这个原理的客观普遍的有效性的演绎即提供辩护理由,以及对这样一种先天综合命题的可能性的洞见,我们不可能指望像在讨论到纯粹理论知性的那些原理时一样顺利进行。因为后者涉及的是可能经验的对象,也就是现象,我们能够证明的是,只有通过把这些现象按照那些法则的标准纳入到诸范畴下来,这些现象才能作为经验的对象被认识,因而一切可能的经验都必须与这些法则相适合。但我不能在对道德律进行演绎时采用这样一条思路。因为这涉及到的不是可以在别的地方以任何方式给予理性的有关对象性状的知识,而是在这范围内的知识,即它能成为对象本身实存的根据、并且通过这种实存理性就具有一个有理性的存在者中的原因性,这就是涉及到能够被看作一种直接规定着意志的能力的纯粹理性。

但现在,一旦我们达到了基本的力量或基本的能力,人类的一切洞见就结束了;因为这些能力的可能性是根本无法理解的,但同样也不容随意虚构和假定。因此在理性的理论运用中只有经验使我们有权假定它们。但在这里,在谈及纯粹的实践理性能力时,这种列举经验性的证据以取代从先天知识来源中进行演绎的代用品也被从我们这里夺走了。因为凡是需要从经验中为自己的现实性取得证明理由的东西,按照其可能性根据都必然依赖于经验原则,然而纯粹的、但却是实践的理性由于其概念就已经不可能被看作这样一类东西了。甚至道德律也仿佛是作为我们先天意识到并且是必然确定的一个纯粹理性的事实而被给予的,即使假定我们在经验中找不到严格遵守这一法则的任何实例。所以道德律的客观实在性就不能由任何演绎、任何理论的、思辨的和得到经验性支持的理性努力来证明,因而即使人们想要放弃这种无可置疑的确定性,也不能由经验来证实并这样来后天地得到证明,但这种实在性却仍是独自确凿无疑的。

取代对道德原则的这种被劳而无功地寻求的演绎的,是某种另外的但完全背理的东西,因为它反过来自己充当了某种玄妙莫测的能力的演绎的原则,这种能力不必被①任何经验所证明,但思辨理性却(为了在自己的宇宙论理念之下按照这能力的原因性找到无条件者,以便思辨理性不自相矛盾)至少必须把它假定为可能的,这就是自由的能力,对于自由,那本身不需要任何辩护理由的道德律不仅证明它是可能的,而且证明它在那些认识到这个法则对自己有约束的存在者身上是现实的。道德律实际上就是

①　据 Vorländer,此处应为"不能被"。——德文编者

出于自由的原因性的一条法则,因而是一个超感性自然的可能性的法则,如同在感官世界中那些事件的形而上学法则是感性自然的因果性法则一样,因而道德律规定的是思辨哲学曾不得不任其不加规定的东西,也就是其概念在思辨哲学中只具有消极性的那种原因性的法则,这就第一次使这条法则获得了客观实在性。

道德律由于它本身是作为自由这种纯粹理性原因性的演绎 57 原则而提出来的,它的这种信用就完全足以代替一切先天的辩护理由来补偿理论理性的某种需要,因为理论理性曾被迫至少假定某种自由的可能性。这是由于,道德律以下述方式对于自己的实在性做出了即使思辨理性批判也会感到满意的证明,即它在一个曾经只是被消极地设想的、思辨理性批判无法理解但却不得不假定其可能性的原因性之上,加上了积极的规定,即一个直接地(通过意志准则的某种普遍合法则形式这个条件)规定着意志的理性的概念,这就第一次有能力做到赋予那在想要思辨地行事时总是用自己的理念夸大其辞的理性以客观的、虽然只是实践上的实在性,而把理性的超验的运用转变成内在的运用(即通过理念而本身就是在经验领域中起作用的原因)。

在感官世界本身中对存在者的因果性进行规定,这永远不能是无条件的,但这些条件的全部系列却必须有某种无条件者,因而也必须有一种完全由自身规定自身的原因性。因此自由作为一种绝对自发性能力的理念曾经并不是一种需要,相反,就其可能性而言,乃是一个纯粹思辨理性的分析原理。不过,由于决不可能在任何一个经验中给出与它相符合的一个例子,因为在作为现象的物的原因之中找不到任何对这一本身会是绝对无条件的原因性的规定,所以,我们只有在把一个自由行动的原因这个观念应用在感官世界中的某个存在者身上、只要这个存在者另一方面又被看作本体时,才能为这个观念辩护,因为我们已指出,就存在者的一切行动都是现象而言把这些行动看作是在身体上有条件的,同时却又在这行动的存在者是知性存在者的范围内把这些行动的原因性看作是身体上无条件的,这样使自由概念成为理性的调节性原则,这是并不矛盾的,通过后一种方式,我虽然根本没有认识到被赋予这样一种原因性的那个对象是什么东西,但毕竟为我的下述做法扫除了障碍,即一方面在解释世界的被给予性乃至于有理性存在者的行动时,公正地对待从有条件者到条件的无穷回溯这种自然必然性的机械作用,另方面却又给思辨理性保留一个为它空出来的位置,即保留理知的东西,以便把无条件者放到那里去。但我并不能把这个观念实在化,也就是不能把它转变为对一个哪怕只是单纯按其可能性而言的如此行动的存在者的知识。这个空的位置现在由纯粹实践理性通过在理知世界中的一个确定的原因性法则(通过自由)而填补了,这就是道德律。这样一来,虽然对于思辨理性在它的洞见方面并没有丝毫增添,但却给它那悬拟的自由概念增加了保障,这个概念在这里获得了客观的、虽然只是实践的但却是无可怀疑的实在性。甚至就连原因性概念,它的应用、乃至于它的含义本来只是在与现象相关联、以便把现象联结为经验时才发生的(就如《纯粹理性批判》所证明的),实践理性也没有把它扩展到使它的运用超出所定的界限。因为假如实践理性意在于此,它就必然会想去指明,根据与后果的逻辑关系如何能够在不同于感性直观的另外一种直观方面得到综合的运用,也就是 causa noumenon① 是如何可能的;这是它根本做不到的,但它作为实践理性也完全不考虑这一点,因为它只是把作为感性存在者的人类的原因性(这是被给予的)的规定根据建立在纯粹理性中(这理性因此而叫做实践的),所以,它就能够在这里把原因概念为了理论知识而在客体上的应用完全弃置不顾(因为这个概念哪怕独立于一切直观,也总是在知性中被先天地见到),不是为了认识对象,而是为了规定一般对象上的原因性、因而只是在实践的意图上运用这个原因概念本身,并因而能把意志的规定根据放进事物的理知的秩序中去,因为它同时也乐于承认,它根本不理解这个原因概念对于认识这些事物可以有什么样的规定作用。它当然也必须以一定的方式来认识意志在感官世界中的行动这方面的原因性,因为否则实践理性就不能现实地产生任何行为了。但是,对于这个它所制定的有关它自己作为本体的原因性的概念,它不需要在理论上为了认识这原因性的超感性的实存而作出规定,因而无须在这范围内能够赋予这概念以所指。因为所指它是在别的地方获得的,虽然只是为了实践的运用,也就是通过道德律而获得的。即使从理论上来看,这个概念也仍然是一个纯粹的、先天被给予的知性概念,它可以被应用于对象身上,不管这些对象是感性地还是非感性地被给予的;虽然在后一种场合下它不具有任何确定的理论所指和理论应用,而只是关于一个一般客体的形式的但却是重要的知性观念。理性通过道德律使这概念获得的所指只是实践性的,因为一个原因性

59

———————————

① 拉丁文:本体的原因。——译者

（即意志）的法则的理念本身就具有原因性，或者本身就是原因性
的规定根据。

Ⅱ. 纯粹理性在实践运用中进行一种在思辨运用中它自身不可能的扩展的权利

在道德原则上，我们建立起了一条使原因性的规定根据超越
于感官世界的一切条件之上的原因性法则，并且对意志进行了思
考，好像它是作为属于某个理知世界的东西而可规定的，因而不
只是好像这个意志的主体（人）作为属于一个纯粹知性世界的东
西，虽然在这方面并不被我们所知悉，却是可规定的似的（正如这
根据纯粹思辨理性批判就能做到的那样），而是也借助于某种根
本不可能归于感官世界任何自然规律中的法则，而对这个意志在
其原因性方面作出了规定，因而就把我们的知识扩展到了感官世
界的边界之外，但纯粹理性批判曾把这样一种僭妄宣布为在一切
思辨中都是无意义的。那么，纯粹理性的实践运用在这里与它的
理论运用在其能力的边界规定方面如何能够协调呢？

对于大卫·休谟，人们可以说他真正开始了对纯粹理性各种
权利的一切反驳①，这些反驳使对纯粹理性的整个研究成为必
要，他的推论是这样的：原因的概念是一个包含有对不同东西就
其为不同的而言的实存作联结的必然性在内的概念，以至于如果

────────

① "一切反驳"原文为 alle Anfechtung（单数），似应改为 Anfechtungen（复数），
以适应在下文"使……成为必要"（machten）中作主语的要求。——德文编者

设定了 A,我就认识到必将也有某种完全不同于 A 的某物 B 必定
实存。但必然性也只有在一个联结先天地被认识的情况下才能
够赋予这个联结;因为经验对一种联结所提供出来的认识只会是
"它存在",却并不是"它必然这样存在"。于是他认为,在一物和
另一物之间(或一个规定与另一个与它完全不同的规定之间)的
联结如果没有在知觉中被给予①的话,是不可能把这种联结先天
地并作为必然的来认识的。所以一个原因的概念本身是虚构的
和骗人的,说得最客气也是一种在这方面尚可原谅的错觉,因为
把某些物或对它们经常在其实存上相并或相继所作的规定知觉
为结伴的,这种习惯(某种主观的必然性)不知不觉地被当成在对
象本身中设定这样一种联结的某种客观的必然性了,而这样,一
个原因的概念就被骗取到了,而不是被合法地获得了,甚至永远
也不可能被获得或被认证,因为它要求的是一种本身无意义的、
幻想出来的②、在任何理性面前都站不住脚的③联结,这种联结是
永远也不可能有什么客体与之相符合的。——这样一来,首先在
涉及到事物的实存的一切知识上(因而数学尚未列入其中),经验
主义就作为各种原则的唯一来源而引进来了,但与经验主义同时
一起引进来的还有对(作为哲学的)整个自然科学所抱的最顽固
的怀疑论本身。因为我们永远也不可能根据这样一些原理从事

61

---

① "被给予"原文为复数(gegeben werden),应改为单数(gegeben wird)才和"联
结"(die Verbindung,单数)相对应。——译者

② 原文为 chimärische,直译为"喀迈拉式的",喀迈拉为希腊神话中的狮头羊身
蛇尾的怪物。——译者

③ 原文为"von keiner Vernunft haltbare","von"为"vor"之误,兹据普鲁士科学
院版《康德全集》第五卷校正。——译者

物的给予的规定中按照其实存而推论出一个后果（因为这就要求一个包含这样一种联结之必然性在内的原因的概念），而只能根据想象力的规则期望与平时相似的情况；但这种期望永远不是肯定的，不论它如何经常地应验。甚至在发生任何事件时我们都不能够说：在该事件之前必定已有某物先行，它是必然跟随其后的，就是说，它必定会有一个原因，所以，即使我们知道有类似事情先行的情况仍然是如此经常发生，以至于有可能从中抽引出一条规则来，我们也不可能因此就认为这类事情是永远和必然以这种方式发生的，于是我们就必须为盲目偶然的事也保留其权利，尽管在它身上停止了一切理性运用；而这样一来就在从结果上升到原因的推论方面给怀疑论提供了根据，并使它成为无法反驳的了。

至此为止数学仍旧安然无恙，因为休谟认为数学命题全都是分析性的，就是说为了同一性的缘故从一个规定到另一个规定、从而是按照矛盾律来进行的（但这是错误的，因为数学命题毋宁说全都是综合的，并且虽然例如几何学并不与事物的实存发生关系，而只是与诸事物在可能直观中的先天规定发生关系，它却如同通过因果概念一样从一个规定 A 过渡到一个完全不同的、但却是作为与它必然联结着的规定 B）。但最终这门由于其无可置疑的确定性而被如此高度赞扬的科学也必然会由于休谟为何用习惯来代替原因概念中的客观必然性的同一个理由，而败在原理中的经验主义的手下，并且不管它多么骄傲，它也得满足于打消它那些大胆的要求先天赞同的权利，并指望观察者出于好意而同意其命题的普遍有效性，这些观察者作为证人毕竟不会拒绝承认他们任何时候也是这样知觉到几何学家作为原理而讲出来的东西，因而即算它恰好并不是必然的，但毕竟是今后会允许人们可以这样期待的。休谟的原理中的经验主义也就以这种方式不可避免地导致了甚至是在数学上的、因而是在理性的一切科学的理论运用上（因为这种运用不是属于哲学就是属于数学）的怀疑论。是否普遍的理性运用（在看到知识的主要部门都遭遇到一种如此可怕的颠覆之际）会更能幸免于难，而不是还会更加无可挽回地陷入到一切知识的同样的毁灭中去，因而是否一种普遍的怀疑论必定会从这些原理中得出来（当然这种怀疑论只会涉及那些学者），这一点我想留给每个人自己去评判。

至于我在《纯粹理性批判》中所做的探讨，它虽然是由休谟的怀疑学说所引起的，但却走得远得多，它包括纯粹理论理性在综合运用中的整个领域，因而也包括人们称之为一般形而上学的东西：所以我对于这位苏格兰哲学家的涉及到因果性概念的怀疑采取了如下方式来处理。当休谟把经验对象当成了自在之物本身（如几乎到处都的确也在发生的那样）时，他就把原因概念宣称为骗人的和虚假的幻觉，在这点上他做得完全正确；因为对于自在之物本身以及它的规定本身，并不能够看出为什么由于某物 A 被设定则另一个某物 B 也一定会被必然设定，所以他根本不可能承认关于自在之物本身会有这样一种先天的知识。这个精明的人更不可能允许这个原因概念有一个经验性的起源，因为这种起源直接与联结的必然性相矛盾，而这种必然性构成了因果性概念的本质；因而这个概念就遭到了排斥，而代之以在遵循知觉过程时的习惯了。

63

　　但从我的研究中所得出的结果是,我们在经验中与之打交道的那些对象绝对不是自在之物本身,而只是些现象,并且即使在自在之物本身上根本看不出、甚至不可能看出,为什么当 A 被设定了时,不设定与 A 完全不同的 B(即设定作为原因的 A 和作为结果的 B 之间的联结的必然性)就会是矛盾的,但我们完全可以思考的却是,它们作为现象必定是在一个经验中以某种方式(例如在时间关系方面)必然结合着的,而且它们不与这个经验借以成为可能的那种结合相矛盾就不可能分离开来,而它们唯一在这个经验中才是对象、才能为我们所认识。实际情况也正是这样发生的:以至于我不仅能够对原因概念按照其在经验对象方面的客观实在性来加以证明,而且也能由于它所具有的这种联结的必然性而把它作为先天概念演绎出来,也就是能够将它的可能性依据没有经验来源的纯粹知性加以阐明,并且这样将它的起源的经验主义取消了以后,就能将经验主义的不可避免的后果即怀疑论,首先在自然科学方面、然后出于依据这些理由的整个完备的推论而在数学方面,即在这两种与可能经验的对象相关的科学方面,连同对理论理性所主张洞察的一切东西的全部怀疑,都加以彻底的铲除。

　　但是,这个因果性范畴(并且一切其他范畴也是一样,因为没有它们就没有任何关于实存着的东西的知识能够实现出来)在那些并非可能经验对象之物、而是超越于可能经验的边界之外的物上面的应用,情况又是如何呢? 因为我本来就只能够在可能经验的对象方面来演绎这些概念的客观实在性。但同样,我也只有在这种情况下才拯救了这种客观实在性,即我曾指出了,毕竟可以借此来思维一些客体，虽然不是先天地规定它们：而这就给这些客体在纯粹知性中提供了一个席位，而那些概念就由这个席位而与一般客体（感性的或非感性的）联系起来了。如果还缺少什么东西的话，那就是这些范畴、尤其是因果性范畴应用于对象之上的条件，也就是直观，这个条件在凡是直观没有被给予的地方，都使得以作为本体的对象之理论知识为目的的应用成为不可能的，因而这种理论知识如果有人敢于去尝试，也是（如在《纯粹理性批判》中也在发生的那样）完全遭到禁止的①，然而毕竟这个概念的客观实在性仍然还在，甚至也能够被运用于本体，但却不可能对这个本体从理论上作丝毫的规定并由此来产生知识。因为，这个概念甚至在与一个客体的关系中也决不包含任何不可能的东西，曾经证明了这一点的就是：不论这个概念如何应用于感官的对象，它在纯粹知性中仍保证有自己的位置，并且即使它在此之后或许与自在之物本身（它不可能是经验的对象）发生关系，它也不能以某种理论知识为目的而为表象一个确定的对象作出任何规定，但它仍然还是可以有能力为了某种另外的目的（也许是为了实践的目的）而对自己的应用作出某种规定，而如果按照休谟的观点，这个因果概念包含有某种任何地方都不可能思维到的东西的话，这种情况也就不会发生了。

现在，为了找出上述概念应用于本体之上的这一条件，我们只需回顾一下，为什么我们没有满足于将它应用于经验对象之

---

① 按照原文语序，此句应译作"……如果有人敢于（如甚至在《纯粹理性批判》中也在发生的）去尝试，也是完全遭到禁止的"，兹据普鲁士科学院版的语序译出。——译者

上,而是通常也想要把它运用于自在之物本身。而这也就马上表明了,使这种情况对我们成为必然性的不是理论上的意图,而是实践上的意图。为了思辨,即使我们做得到,我们也不会在自然知识中和一般地在那些根本不可能被给予我们的对象方面取得任何真实的成果,而顶多会从感性的有条件者(停留于此并努力遍历这个原因的链条已足够我们去做的了)向超感性的东西跨出一大步,以便完成我们关于根据方面的知识并为之划定边界,然而在那个边界和我们所知道的东西之间仍然永远会有一条填不满的无限的鸿沟,而我们所听从的与其说是彻底的求知欲,还不如说是虚荣的疑问癖。

　　但除了知性与种种对象(在理论知识中)所处的那种关系之外,知性也有一种与欲求能力的关系,这种能力因此而叫作意志,并且就纯粹知性(它在这种情况下叫作理性)通过某个法则的单纯表象就是实践的而言叫作纯粹意志。一个纯粹意志的客观实在性,或者这也是一样,一个纯粹实践理性的客观实在性,在先天的道德律中仿佛是通过一个事实(Faktum)而被给予的;因为我们可以这样来称呼一个不可避免的意志规定,哪怕这个规定并不是立足于经验性的原则上的。但在一个意志概念中已经包含了原因性的概念,因而在一个纯粹意志概念中也包含了一个带有自由的原因性概念,就是说,这种原因性不是按照自然规律所能规定的,因而也不能有任何经验性的直观作为这概念①的实在性的证明,但却仍然在先天的纯粹实践法则中完全表明了这概念的客观

---

① "这概念"原文为 seiner,德文编者认为应指前述"这纯粹(自由)意志",那托尔普则建议改为 ihrer,即"这原因性"。下一个"这概念"同此。——译者

实在性的理由,当然(很容易看出)这不是为了理性的理论运用,
而只是为了它的实践运用。于是一个拥有自由意志的存在者的
概念就是一个 causa noumenon① 的概念;至于这个概念的不自相
矛盾,人们已经通过下述这点而得到了保证,这个原因作为完全
来自于纯粹知性的概念同时也通过按照其客观实在性在一般对
象上通过演绎而②得到保证,此外按照其起源又必须要独立于一
切感性条件、因而本身不局限于现相(Phänomene)上(除非它是
一个必须③被规定在理论上对此加以运用的概念)时,当然就能
够被应用于作为纯粹知性存在物的事物之上。但由于这种应用
不可能得到永远只能是感性的任何直观的支持,所以 causa nou-
menon④ 在理性的理论运用上虽然是一个可能的、可思维的概念,
但却是一个空洞的概念。但现在,我也不要求借此来对一个存在
者就其拥有某种纯粹意志而言的性状作理论上的认识;我只满足
于借此而把这个存在者描述为一个这样的存在者,因而仅仅把原
因性概念与自由概念(以及与之不可分割地,与作为自由的规定
根据的道德律)结合起来;由于原因概念的这种纯粹的而非经验
性的起源,我当然应该得到这种权利,因为我对这概念除了与规
定其实在性的道德律相联系、即只是作一种实践的运用外,并不
保有作任何别的运用的权利。

假如我和休谟一样,不仅就自在事物本身(超感官的东西)而

66

---

① 拉丁文:本体因。——译者
② 哈滕斯泰因在"实在性"后面加上一个 nach,就使此句变为:"……同时也按
照其客观实在性而在一般对象方面"。——德文编者
③ 原文为 wollte,那托尔普(Natorp)疑应为 sollte(应当)。——德文编者
④ 拉丁文:本体因。——译者

言,而且也在感官对象方面,剥夺了因果性概念在理论运用①中的客观实在性,那么这个概念就会丧失掉一切意义,并被作为一个理论上不可能的概念而宣布为完全无用的,而且由于对子虚乌有的东西也不可能作任何运用,则对一个理论上无意义的概念作实践的运用也将完全是无稽之谈。但现在,一个经验性上无条件的原因性的概念在理论上虽然是空洞的(没有适合于它的直观),却仍然还是可能的,并且是与某个不确定的客体有关的,但代替这客体被提供给这概念的却是在道德律上、因而在实践的关系中的意义,所以我虽然并没有任何规定这概念之客观理论实在性的直观,但这概念依然有可以在诸意向和准则中 in concreto② 表现出来的现实应用,也就是有能够被指明的实践的实在性;而这对于这概念甚至在本体方面的合法权利来说也就足够了。

但是,一个纯粹知性概念在超感官东西的领域中的这种客观实在性一旦被引进,从此就给一切其他范畴提供出也是客观的、只不过是单纯实践应用上的实在性,虽然永远只是就这些范畴与纯粹意志的规定根据(与道德律)处于必然的结合之中而言,然而,这种实在性对于这些对象的理论知识、即对于凭借纯粹理性对这些对象的本性加以洞见以扩展这些知识,却没有丝毫影响。正如我们在后面也将发现的那样,这些范畴永远只与作为理智的存在者相关,并且在这些存在者身上也只与理性对意志的关系、因而只与实践相关,而并不自以为超出这点对这些存在者有任何

---

① "理论运用"康德原作"实践运用",兹据舍恩德弗尔(Schöndörffer)校正。——德文编者

② 拉丁文:具体地。——译者

更进一步的知识;但是,不论属于这样一些超感官之物的理论表象方式而还想被拉入和这些范畴的结合中来的另外还有些什么属性,它们这样一来就全都不被视为知识,而只被视为对这些存在者作假定和作预设的权利(但在实践的意图上则简直就视为这样做的必然性)了,甚至当我们根据某种类比、即根据我们在感性存在者方面从实践上所使用的那种纯粹理性关系来假定那些超感官的存在者(如上帝)时,也是如此,这样,通过应用于超感官之物、但只是在实践的意图上这样做,就丝毫也不会助长纯粹理论理性沉溺于夸大其辞的空谈。

第二章　纯粹实践理性的
对象的概念

　　我所说的实践理性的对象①概念，是指作为自由所导致的
可能结果的一个客体的表象。因而，作为这样一种可能结果而
存在的实践知识的对象，只是意味着意志与这对象或者它的对
立面将由以被现实地造成的那个行动的关系，而评判某物是不
是一个纯粹的实践理性的对象，则只是在辨别是否有可能愿意
有那样一个行动，这种愿意将使得某个客体当我们有这种能力
（对此必须由经验来判断）时就会成为现实的。如果这个客体
被假定为我们欲求能力的规定根据，那么通过对我们诸能力的
自由运用而使它在身体上成为可能就必须先行于对它是不是
一个实践理性对象的评判。反之，如果先天法则可以被看作行
动的规定根据、因而这个行动可以被看作由纯粹实践理性所规
定的，那么对某物是不是纯粹实践理性的对象而作的判断就完
全不依赖于与我们身体上的可能性的比较，而问题就仅仅在
于，假如事情由我们支配的话，我们是否可以愿意有这样一个
针对某个客体的实存的行动，因而这一行动在道德上的可能性
就必须是先行的了；因为这时并不是对象、而是意志的法则才

---

① 康德原文缺"对象"一词，兹据编者补上。——德文编者

是行动的规定根据。

　　所以,实践理性的唯一客体就是那些善和恶的客体。因为我们通过前者来理解欲求能力的必然对象,通过后者来理解厌恶能力的必然对象,但两者都依据着理性的一条原则。

　　如果善的概念不是由一条先行的实践法则中推出来的,而是反过来要充当这条法则的基础,那么这个概念就只能是关于这种东西的概念,它以其实存预示着愉快,并这样来规定主体将它产生出来的原因性,也就是规定着欲求能力。既然不可能先天地看出何种表象会带有愉快,何种表象却会带有不愉快,那么识别什么直接地是善或恶的关键就只在于经验了。这种经验唯一能在与主体的那种属性的关系中进行,这种属性就是愉快和不快的情感,即一种属于内感官的接受性,于是关于那直接是善的东西的概念就会仅仅针对着那与快乐的感觉直接结合着的东西,而关于那全然是恶的东西的概念则会必然仅仅与那直接引起痛苦的东西相关了。但这已经与语言的习惯用法相违背了,这种习惯用法把快适与善区别开来,把不快适与恶区别开来,并要求对善和恶任何时候都通过理性、因而通过能够普遍传达的概念来评判,而不是通过单纯的限制于个别主体①及其感受性上的感觉来评判,但愉快和不愉快就自身而言却仍然不能先天地和某个客体的任何表象直接结合起来,所以,相信有必要把愉快的情感作为自己的实践评判的基础的哲学家,就会把作为达到快适的手段的东西称之为善的,而把作为不快适和痛苦的原因的东

---

　　①　康德原文为"客体",兹据那托尔普校为"主体"。——德文编者

西称之为恶；因为对手段和目的的关系的评判当然是属于理性的。但是，尽管只有理性才有能力看出手段与其意图的关联（以至于我们本来也可以用目的的能力来定义意志，因为目的任何时候都是欲求能力的按照原则的规定根据），然而从上述善的概念中仅仅作为手段而产生的那些实践准则，永远也不会包含就自身而言的某物作为意志的对象，而总是只包含对于任何目的是善的东西作为意志的对象：这种善任何时候都将只是有用的东西，而它所对之有用的东西则必定总是外在于意志而处于感觉中的。既然这种感觉作为快适的感觉必定会与善的概念不同，那么任何地方就都不会有什么直接的善，而善就会不得不在达到某种别的东西、即达到任何一种快意的那些手段中去寻求了。

　　经院派的一句老话是：nihil appetimus，nisi sub ratione boni；nihil aversamur，nisi sub ratione mali①；而这句话有一种往往是正确的、但也往往对哲学非常不利的用法，因为 boni② 和 mali③ 这两个术语包含有某种歧义，这要归咎于语言的局限，据此它们可以有双重含义，因而不可避免地使实践法则陷入盘桓不定，而哲学在运用它们时固然完全意识到同一个词的这种概念差异，但却不能为此找到任何特殊的表达方式，它们就迫使哲学作出微妙的区分，对于这些区分人们后来无法达成一致，因为这种区别没有

---

① 拉丁文：只以善为理由去追求，只以恶为理由去拒斥。——译者
② 拉丁文：善。——译者
③ 拉丁文：恶。——译者

能用任何合适的术语直接表明出来。①

德语有幸拥有一些不使这种差异遭到忽视的表达方式。对于拉丁语用一个唯一的词 bonum② 来称呼的东西，德语有两个很不相同的概念，也有两种很不相同的表达：对于 bonum 来说就是善（Gute）和福（Wohl），对于 malum③ 来说就是恶（Böse）和祸（Übel）（或苦[Weh]），以至于我们对一个行动所考察的是它的善和恶，还是我们的福和苦（祸），这是两种完全不同的评判。由此已经看出，上面那条心理学的原理至少还是很不确定的，如果它被翻译为：除非考虑到我们的福或苦，我们就不去欲求任何东西；相反，如果我们把它表示为：按照理性的指示，除了只是在我们认其为善的或是恶的时候，我们就不去意愿任何东西，那么这条原理就成了确定无疑的，同时又是完全清楚地表达出来的了。

福或祸永远只是意味着与我们的快意或不快意、快乐和痛苦的状态的关系，而如果我们因此就欲求或厌恶一个客体，那么这种事只要它与我们的感性及它所引起的愉快和不愉快的情感相关时就会发生。但善或恶任何时候都意味着与意志的关系，只要这意志由理性法则规定去使某物成为自己的客体；正如意志永远也不由客体及其表象直接规定，而是一种使理性规则成为自己的

①　此外，sub ratione boni[拉丁文：以善为理由——译者]这个说法也是有歧义的。因为它可以有这样的意思：如果、而且正由于我们欲求（意愿）某物，我们就把它表象为善的；但也可以是说：我们之所以欲求某物，是因为我们将它表象为善的，以至于，要么欲望是作为善的客体的概念之规定根据，要么善的概念是欲求（意志）的规定根据；因为 sub ratione boni[以善为理由]在前一种情况下将意味着我们在善的理念之下去意愿某物，在后一种情况下则意味着我们按照善的理念而意愿某物，善的理念必须是作为意愿的规定根据而先行于意愿的。——康德

②　拉丁文：善。——译者

③　拉丁文：恶。——译者

（由以能实现一个客体的）行动的动因的能力一样。所以，善和恶真正说来是与行动、而不是与个人的感觉状态相关的，并且，如果某物应当是绝对地（在一切方面而且再无条件地）善的或恶的，或者应当被看作是这样的，那它就只会是行动的方式，意志的准则，因而是作为善人或恶人的行动着的人格本身，但却不是一件可以被称为善或恶的事物。

所以，一个斯多亚派的人在剧烈的痛风发作时喊道：疼痛，你尽管更厉害地折磨我吧，我是永远也不会承认你是某种恶的东西（κακον，malum①）的！我们当然可以嘲笑他。但他毕竟是对的。他所感到的是一种祸，这是他的喊叫所透露了的；但因此就在他身上看出一种恶，这是他根本没有理由承认的；因为疼痛丝毫也不减少他的人格的价值，而只是减少他的健康状况的价值。只要他意识到自己曾说过一次谎，这谎言就必定会打消他的勇气了；但疼痛却只会成为使他高尚的理由，如果他意识到他并不是由于任何不正当的行动而招致了这种痛苦、并因此而使自己活该受到惩罚的话。

凡是我们要称之为善的，必须在每个有理性的人的判断中都是一个欲求能力的对象，而恶则必须在每个人眼里是一个厌恶的对象；因而这种评判所需要的除了感官之外，还有理性。这种情况与那和谎言相反的真实、和强暴相反的公正等等是同样的。但我们可能把某物称之为一种祸，而同时每个人却又必须把这种祸有时间接地，有时甚至是直接地宣称为善的。一个要接受一次外

---

① 希腊文、拉丁文：恶。——译者

科手术的人毫无疑问会觉得这场手术是一种祸;但他以及每个人都会通过理性把它解释为善的。但如果有一个人喜欢戏弄和搅扰那些爱好宁静的人们,终于有一次碰了钉子并遭到了一顿痛打,那么这当然是一种祸,但每个人都会为此鼓掌并认为这事本身是善的,哪怕从中并不会产生出任何别的东西;甚至那遭受到这顿痛打的人,通过他的理性也必定会认识到这事对他是公正的,因为他看到理性所不可避免地向他劝告的在安乐和善行之间的相称在这里精确地实现了。

当然,在我们实践理性的评判中,很大程度上取决于我们的福和苦,并且在涉及到我们作为感性存在者的本性时,一切都取决于我们的幸福,如果这种幸福如理性首先所要求的,不是根据转瞬即逝的感觉,而是根据这种偶然性在我们全部实存及对这种实存的心满意足上所具有的影响来评判的话;但并不是一般说来一切事都取决于这一点的。人就他属于感官世界而言是一个有需求的存在者,在这个范围内,他的理性当然有一个不可拒绝的感性方面的任务,要照顾到自己的利益,并给自己制定哪怕是关于此生的幸福、并尽可能也是关于来生的幸福的实践准则。但人毕竟不那么完全是动物,面对理性为自己本身所说的一切都无动于衷,并将理性只是用作满足自己作为感性存在者的需要的工具。因为如果理性只应当为了那本能在动物身上所做到的事情而为他服务的话,那么他具有理性就根本没有将他在价值方面提高到超出单纯动物性之上;这样理性就会只是自然用来装备人以达到它给动物所规定的同一个目的的一种特殊的方式,而并不给他规定一个更高的目的。所以他固然根据这个一度对他作出的

73

自然安排而需要理性,以便随时考察他的福和苦,但此外他拥有理性还有一个更高的目的,也就是不仅仅要把那本身就是善或恶的、且唯一只有纯粹的、对感性完全不感兴趣的理性才能判断的东西也一起纳入到考虑中来,而且要把这种评判与前一种评判完全区别开来,并使它成为前一种评判①的至上条件。

在这样评判本身是善的或恶的东西,以区别于那只和福或祸相关而可能被称为善或恶的东西时,有如下几点是关键。要么理性的原则本身已经被思考为意志的规定根据,而无需考虑欲求能力的可能客体(因而仅仅是凭借准则的合法则的形式);于是,那条原则就是先天的实践法则,而纯粹理性自身就被看作是实践的了。这样一来,这条法则就直接地规定着意志,按照这种意志的行动就是本身自在地善的,一个意志的准则永远按照这条法则,这意志就是绝对地、在一切方面都善的,并且是一切善的东西的至上条件。要么,欲求能力的规定根据先行于意志的准则,这意志以一个愉快和不愉快的客体、因而以某种使人快乐或痛苦的东西为前提,并且趋乐避苦这条理性准则规定那些行动如何相对于我们的爱好而言、因而仅仅间接地(考虑到另外的目的,而作为这目的的手段)是善的,这样一来,这些准则就永远不能称之为法则,但仍可以称为理性的实践规范。这目的本身,即我们所寻求的快乐,在后一种情况下并不是善,而是福,不是一个理性概念,而是一个有关感觉对象的经验性的概念;不过,对达到这目的的手段的运用、亦即那个行动(由于为此需要理性的思考)却还是叫

---

① 原文为 des letzteren,指"善和恶",兹据那托尔普校为 der letzteren,指"前一种评判"。——德文编者

作善的,但并不是绝对的善,而只是在与我们感性的关系中、考虑到它的愉快和不愉快的情感的善;但由此被刺激起意志的准则时,这个意志就不是纯粹的意志,纯粹的意志只指向那种东西,在其上纯粹理性能够自身就是实践的。

这里正是对这个方法的悖论通过实践理性批判加以解释的地方:就是说,善和恶的概念必须不先于道德的法则(哪怕这法则表面看来似乎必须由善恶概念提供基础),而只(正如这里也发生的那样)在这法则之后并通过它来得到规定。因为即使我们没有意识到德性的原则是一个纯粹的、先天规定意志的法则,但为了不完全白白地(gratis)假定一些原理,我们至少总还必须在开始的时候,让意志是只有经验性的规定根据还是也具有纯粹先天的规定根据这个问题留在未决之中;因为预先把人们应当首先去决定的东西已经假定为决定了的东西,这是违背哲学研究的一切基本规则的。假设我们现在要从善的概念开始,以便从中推出意志的法则来,那么关于某个对象(作为善的对象)的概念就会同时把这个对象说成是意志的唯一规定根据。由于现在这个概念将没有任何先天实践法则作为准绳,所以善或恶的标准就只有可能建立在对象与我们的愉快和不愉快的情感的一致之中了,而理性的运用就只可能部分地在于,在与我的生活的一切感觉的整个关联中来规定这种愉快或不愉快,部分地在于规定那使我获得这些愉快或不愉快的对象的那些手段。既然什么是与愉快情感相符合的,这只有通过经验才能够决定,而实践法则按照提示却应当在此之上以之为条件建立起来,那么这就恰好把先天实践法则的可能性排除掉了:因为人们会认为有必要预先想到去为意志找出一

75

个对象来,对它的概念作为一个善的东西的概念就必然会构成意志的那种普遍的、尽管是经验性的规定根据。但原来预先有必要考察的却是:是否也会有一种先天的意志规定根据(它永远都不会在任何别的地方、而只会在某种纯粹实践法则中发现,也就是在这个法则仅仅给准则颁布合法则的形式而不考虑某个对象的限度内发现)。但由于我们已经把一个对象按照善和恶的概念当作了一切实践法则的基础,而那个对象没有先行的法则却只能按照经验性的概念来设想,所以我们就已经把哪怕只是设想一个纯粹实践法则的可能性都预先取消了;因为反过来,我们如果预先对纯粹实践法则做过分析性的研究的话,我们本来会发现,并不是作为一个对象的善的东西的概念规定了道德律并使之成为可能的,而是相反,道德律才首先把善的概念就其完全配得上这一名称而言规定下来并使之成为可能的。

这个仅仅涉及到至上的道德研究的方法的说明是很重要的。它一下子就澄清了哲学家们在道德的至上原则方面的一切迷误的起因。因为这些哲学家寻找意志的某种对象,以便使它成为一个法则的质料和根据(据说这样一来,这个法则就不是直接地、而是借助于那个被带到愉快和不愉快的情感上来的对象而成为意志的规定根据),而不是本来应该做的,首先探求一条先天地直接规定意志、并按照这意志才来规定对象的法则。于是他们曾经想把这个愉快的对象,即据说是适合于充当善的至上概念的对象,在幸福中、在完善中、在道德情感①中,或是在上帝的意志中建立

---

① 康德原文为"道德律",兹据哈滕斯泰因校正。——德文编者

起来,于是他们的原理每次都是他律,他们不可避免地必然碰到 76
了一个道德律的种种经验性条件:因为他们只有按照意志对每次
都是经验性的情感的直接态度,才能把他们的作为意志之直接规
定根据的对象称之为善的或恶的。只有一条形式的法则,亦即这
样一条仅仅将理性的普遍立法形式向理性颁布为诸准则的最高
条件的法则,才能够先天地是实践理性的一个规定根据。然而,
古人不加掩饰地透露了这个错误,因为他们把自己的道德研究完
全建立在对至善概念的规定之上,因而建立在对某种对象的规定
之上,然后他们又想使这个对象成为在道德律中意志的规定根
据:即一个客体,它是远在道德律首先自己得到证明并作为意志
的直接规定根据而得到辩护以后,才能对那个从此就按其形式而
被先天地规定了的意志表现为对象的,这件事我们将在纯粹实践
理性的辩证论中来尝试一下。在近代人那里有关这个至善的问
题似乎已经过时了,至少已成为了只是附带的事情,他们把上述
错误(如同在许多别的情况下那样)隐藏在一些不确定的词句后
面,然而人们仍然从他们的体系中看到这种错误在透露出来,因
为这样一来这种错误处处都显露出了实践理性的他律,从这里面
永远也不可能产生出一种先天普遍地下命令的道德律。

既然善和恶的概念作为先天意志规定的结果也是以纯粹实
践原则、因而是以纯粹理性的某种原因性为前提的:所以它们从
根源上说,并不像纯粹知性概念或被理论地运用的理性的范畴那
样(例如作为对被给予的直观的杂多在一个意识中的综合统一性
所作的规定)与客体相关,那些概念或范畴毋宁说是把这些客体
预设为被给予的了;反之,善和恶的概念全都是一个唯一的范畴

即因果性范畴的诸样态(modi),只要它们的规定根据在于某个原因性法则的理性表象,理性把这法则作为自由的法则给予它自己,并由此而先天地证明自己是实践的。但由于这些行动一方面虽然是在一条本身并非自然法则、而是自由法则的法则之下,因而是属于理知的存在者的行为的,但另方面却又是作为感性世界的事件而属于现象的,所以一个实践理性的诸规定将只在与感性世界的关系中才能发生,因而虽然是符合于知性范畴的,但不是为了知性的某种理论的运用,以便把(感性的)直观的杂多纳入某种先天的意识之下,而只是为了使欲求的杂多服从于一个以道德律下命令的实践理性的或一个纯粹先天意志的意识统一性。

　　这些自由范畴,因为我们要这样称呼它们、而不是称呼那些作为自然范畴的理论概念,它们就具有对后面这些概念的明显的优越性,即由于后面这些范畴只是一些仅仅通过普遍概念而不确定地为任何我们所可能的直观表明一般客体的思维形式,与此相反,前面这些范畴则是指向某种自由的任意的规定的(这种规定虽然不能有任何直观与之完全相应地被给出,但却已经以一个先天的纯粹实践法则为基础了,而这是在我们认识能力的理论运用的任何概念那里都不会发生的),所以它们作为实践的要素概念,并不以那种不存在于理性本身中、而必须由别的地方即必须从感性中拿来的直观形式(空间和时间)为基础,而是以在理性中、因而在思维能力本身中作为被给予了的某种纯粹意志的形式为基础;因此就发生了这种情况,即由于在纯粹实践理性的一切规范中所关心的只是意志的规定,而不是实现意志的意图的(实践能力的)自然条件,所以先天的实践概念在与自由的至上原则的关系中立即就成为了知识,而不能期待直观来获得意义,也就是说,是出于这种值得注意的理由,即由于它们是自己产生出它们与之发生关系的东西的现实性(意志意向)的,而这根本不是理论概念的事情。只是我们必须注意,这些范畴所涉及的只是一般的实践理性,因而在它们的秩序中是从在道德上尚未确定并且还以感性为条件的范畴,而逐步进向那些不以感性为条件而完全只由道德律来规定的范畴。

78

着眼于善恶概念的自由范畴表

1. 量

主观的、按照准则的(个体的执意)

客观的、按照原则的(规范)

既是先天客观的又是主观的自由原则(法则)

2. 质

践行的实践规则(praeceptivae①)

制止的实践规则(prohibitivae②)

例外的实践规则(exceptivae③)

3. 关系

与人格性的关系

与人格状态的关系

一个人格对其他人格的状态的交互关系

4. 模态

允许的事和不允许的事

义务和违背义务的事

完全的义务和不完全的义务

---

① 拉丁文:命令。——译者

② 拉丁文:禁止。——译者

③ 拉丁文:例外。——译者

我们在这里马上就会看出,在这张表中自由就通过它而成为可能的那些作为感官世界中的现象的行动而言,将会被看作某种原因性,但这种原因性并不服从经验性的规定根据,因而它会与这些行动的自然可能性的诸范畴相关,然而每个范畴却被这样普遍地来理解,以至于那个原因性的规定根据也可以被认为是外在于感官世界而处在作为某个理知的存在者的属性的自由中的,直到模态的诸范畴引入从一般的实践原则向德性原则的过渡,但只是悬拟地引入,然后德性原则才能通过道德律被独断地表达出来。

我在这里不再对目前这个表附加任何另外的解释,因为它自身是足够明白的。这样的一种按照原则而拟定的划分不论在它的彻底性上还是在明晰性上都是非常有助于一切科学的。所以例如说我们从上表和它的第一栏中马上就知道了,我们在实践的权衡中必须从何处开始:从每个人建立在他的爱好之上的准则开始,从有理性的存在者就他们在某些爱好上相一致而言对他们的类都有效的规范开始,最后是从不管他们的爱好而对一切人都有效的法则开始,等等。以这种方式,我们就概览了全部我们必须做的事情的计划,甚至概览了实践哲学必须回答的每个问题以及同时必须遵守的次序。

纯粹实践判断力的模型论

善和恶的概念首先为意志规定了一个客体。但这两个概念本身是服从理性的一条实践规则的,如果理性是纯粹理性的话,这条规则就先天地在意志的对象方面规定着意志。现在,一个在感性中对我们是可能的行动究竟是不是服从这条规则的情况,对此就需要实践的判断力了,借此那种在规则中被普遍地(in abstracto①)说出来的东西才被 in concreto② 应用于一个行动上。但由于纯粹理性的一个实践规则第一,作为实践的而涉及一个客体的实存,第二,作为纯粹理性的实践规则而带有在行动的存有方面的必然性,因而是实践的法则,也就是并非通过经验性的规定根据而来的自然法则,而是一条自由的法则,根据这条法则,意志应当能够独立于一切经验性的东西(仅仅通过一般法则及其形式的表象)而得到规定,但在可能行动上所出现的一切情况却都只可能是经验性的、也就是属于经验和自然界的:所以,显得非常 80 荒唐的是,想要在感官世界中碰到这样一种情况,它在感官世界中永远服从自然法则、但却又允许一条自由法则应用于其上、并且那应当在其中 in concreto 体现出来的德性之善的超感性理念也可以应用于其上。所以纯粹实践理性的判断力遭受了与纯粹理论理性的判断力同样一些困境,但后者拥有一种走出这些困境的手段,亦即:因为在理论运用方面事情取决于纯粹知性概念能够应用于其上的直观,而这类直观(虽然只是有关感官对象的)却又能够先天地、也就是在涉及杂多在其中的联结时与纯粹知性概念先天相符合地(作为图型)被给予出来。相反,德性之善是某种按其客体来说超感性的东西,所以不可能为它在任何感性直观中找到某种相应的东西,因此从属于纯粹实践理性法则之下的这种

---

① 拉丁文:抽象地。——译者
② 拉丁文:具体地。——译者

判断力看来就遭受了一些特殊的困境,这些困境来自于一条自由的法则应当被应用于作为事件的行动,而这些事件又是在感官世界中发生的、因而就此而言是属于自然的。

　　不过,在这里却又给纯粹实践的判断力展示了一个有利的前景。当把一个在感官世界中对我是可能的行动归摄到一个纯粹实践法则之下时,并不涉及到这行动作为感官世界中的一个事件的可能性;因为这种可能性该由理性的理论运用按照因果性法则来评判,因果性是一个纯粹知性概念,理性在感性直观中对这概念有一个图型。自然因果性或它得以发生的条件都属于自然概念,这些概念的图型是先验想象力所拟定的。但这里所涉及的并不是按照法则发生的某个情况的图型,而是某种法则本身的图型(如果这个词在这里合适的话);因为意志规定(而不是与其后果相联系的行动①)仅仅通过法则而无须一条别的规定根据,就把因果性概念与种种不同于那些构成自然联结的条件的条件结合起来了。

　　自然法则作为感性直观对象本身所服从的法则,必须有一个图型,即想象力的一种普遍的运作方式(即把法则所规定的纯粹知性概念先天地向感官表现出来)与之相应。但对于自由的法则(作为某种根本不是以感性为条件的原因性),因而甚至对于无条件的善的概念,却不可能为了其 in concreto 应用而配备任何直观、从而配备任何图型。因此,德性法则除了知性(而不是想象

---

　　① 康德原文"行动"的定冠词为 der(第二格、属格),本应加上"的规定"三个字,但据哈滕斯泰因校作 die(第一格),使"行动"成为独立主语。兹从哈氏。——据德文编者

力)之外,就没有任何其他居间促成其在自然对象上的应用的认识能力了,而知性并不为理性理念配备一个感性图型,而是配备一个法则,但却是这样一条能够在感官对象上 in concreto 得到表现的法则,因而是一条自然法则,但只是就其形式而言,是作为判断力所要求的法则,因此我们可以把这种法则称之为德性法则的模型(Typus)。

纯粹实践理性法则之下的判断力规则就是这条规则:问问你自己,你打算去做的那个行动如果按照你自己也是其一部分的自然的一条法则也应当发生的话,你是否仍能把它视为通过你的意志而可能的? 实际上每个人都在按照这条规则评判种种行动在道德上是善的还是恶的。所以我们说:如果每个人在他相信能获得自己的好处时都允许自己去欺骗,或一旦对生活的彻底厌倦向他袭来,他就认为有权缩短自己的生命,或对他人的疾苦视若无睹,并且如果你也一起置身于事物的这样一种秩序中,那么你在其中怎么会使自己的意志协调一致呢? 其实每个人都知道,如果他允许自己暗中骗人,每个人却并不会因此也就这样做,或者如果他内心狠毒,每个人也并不会马上就这样对待他;因此他的行动准则与一条普遍的自然法则的这种对照也就不是他的意志的规定根据。但自然法则毕竟是按照道德原则来评判行动准则的一个模型。如果行动的准则不具有这样一种经得起一般自然法则形式的检验的性状,那么它就不可能是道德的。甚至最普通的知性也是如此来判断的;因为自然法则永远为知性的一切最日常的、甚至是经验的判断奠定着基础。所以知性任何时候都执有自然法则,只是在出于自由的原因性应当得到评判的情况下,它就

82

使那种自然法则仅仅成为一条自由法则的模型了，因为知性如果不执有某种它能够使之成为经验场合中的实例的东西，它就不可能使一个纯粹实践理性的法则获得适当的运用。

所以，也要允许把感官世界的自然用作一个理知自然的模型，只要我不将直观和依赖于直观的东西转移到理知自然上去，而只是把这个一般的合法则性形式（其概念甚至发生在最普通的①理性运用中，但仅仅只是为了理性的纯粹实践运用这个意图才能够先天确定地被认识）与理知自然相联系。因为在这范围内，这些法则本身不论它们会从何处拿来自己的规定根据，都是一样的。

此外，由于在一切理知的东西中又拥有对我们来说只不过是以其法则和以纯粹实践理性的运用为目的的实在性、而非任何其他实在性的，绝对只有（借助于道德律的）自由，而且就连自由也只是就它是一个与道德律不可分割的预设而言的，再就是理性根据那条法则的指引也许还想把我们引向的所有那些理知对象，但纯粹实践理性有权也有必要把自然（按照其纯粹知性形式）用作判断力的模型：所以目前这个说明的用处在于防止把单纯属于这些概念的模型论的东西算作这些概念本身。于是这个模型论作为判断力的模型论防止了实践理性的经验主义的危害，这种经验主义把善和恶的实践概念仅仅建立在经验的后果（所谓幸福）之中，虽然幸福和由自爱所规定的意志的那些无限有用的后果在这个意志同时使自己成为普遍的自然法则时的确可以用作德性之

83

---

① gemeinsten，康德原作"最纯粹的"（reinsten），兹据哈滕斯泰因校正。——德文编者

善的完全合适的模型,但它与这个模型毕竟不是一回事。同样,
这个模型论也防止了实践理性的神秘主义的危害,这种神秘主义
把只是用作象征的东西当作图型,也就是把现实的但却是非感性
的直观(对某种不可见的上帝之国的直观)作为应用道德概念的
基础,而浪迹于浮夸之地。适合于道德概念之运用的唯有判断的
理性主义,这种理性主义从感性自然中只采取纯粹理性独自也能
够思维的东西,即合法则性,并且只把那种能够通过感官世界中
的行动反过来按照一般自然法则的形式规则现实地得到表现的
东西带到超感性的自然中去。然而,对实践理性的经验主义加以
防范却更为重要和更为可取得多,因为神秘主义毕竟和道德律的
纯粹性和崇高性在一起还是相融洽的,此外,将道德律的想象力
一直绷紧到超感性的直观,这也是不那么自然、不那么符合日常
思维方式的,因而在这方面危险并不是很普遍;相反,经验主义则
在意向中(人类通过行动能够和应当为自己争取的更高的价值毕
竟在于意向,而不仅在于行动)将德性连根拔除,并将一种完全另
外的东西,即种种爱好一般地借以在相互之间推动交往的一种经
验性的利益来代替义务而强加给意向,此外,也正因为如此,经验
主义连同一切爱好,如果它们(不论它们被剪裁成它们所想要的
怎样一种形态)被提升到一个至上的实践原则的高位上来的话,
都是贬低人类的,并且由于它们仍然如此有利于一切人的情愫, 84
经验主义出于这一原因就比所有的狂热都要危险得多,后者永远
不可能构成大量人群的持久状态。

第三章　纯粹实践理性的动机

行动的一切德性价值的本质取决于道德律直接规定意志。如果对意志的规定虽然是符合道德律而发生的,但却是借助于某种情感,不论这种为了使道德律成为意志的充分规定根据而必须预设的情感具有何种性质,因而,不是为了这法则而发生的:那么这行动虽然将包含有合法性,但却不包含道德性。既然动机(elater animi①)被理解为存在者意志的主观规定根据,而这存在者的理性并非由于他的天性就已经必然是符合客观法则的,那么由此首先将推出:我们不能赋予上帝的意志以任何动机,但人的意志的动机(以及任何被创造的有理性的存在者的意志的动机)却永远只能是道德律,因而行动的客观规定根据任何时候、并且唯有它才同时必须又是行动的主观上充分的规定根据,如果这种行动应当实现的不只是法则的不包含其精神②的条文的话。

所以,既然我们为了道德律之故,以及为了使道德律获得对意志的影响,必须不寻求任何另外的有可能会缺少道德律的动机,因为这将会导致一切不能持久的十足伪善,甚至哪怕只是在

85

---

① 拉丁文:心灵的鼓动。——译者
② 对于任何合乎法则但却不是为了法则而发生的行动,我们都可以说:它只是按照条文、而不是按照精神(意向)来说是道德上善的。——康德

道德律之外还让别的一些动机(作为利益的动机)一起发生作用，也是要当心的：那么留给我们的就无非只是谨慎地去规定，道德律成为动机将采取何种方式，以及由于动机是道德律，与人的欲求能力一起并作为那个规定根据对这种能力的结果而发生的是什么。因为一条规则如何能独自地直接就是意志的规定根据(这毕竟是一切道德性的本质)，这是一个人类理性无法解决的问题，它与一个自由的意志是如何可能的这个问题是一样的。所以我们将必须先天地指出的，不是道德律何以会在自身中充当一种动机的那个根据，而是就其作为这样一个动机而言在内心中所起的(更准确地说，必然起的)作用。

由德性的法则对意志所做的一切规定的本质在于：意志作为自由意志，因而并非仅仅是没有感性冲动参与的意志，而是甚至拒绝一切感性冲动并在一切爱好有可能违背这法则时中止这些爱好的意志，它是单纯由这法则来规定的。所以就这范围而言，道德律作为动机的作用只是否定的，并且这样一种动机本身能够先天地被认识。因为一切爱好和任何感性的冲动都是建立在情感上的，而对情感(通过爱好所遭到的中止)的否定作用本身也是情感。于是我们可以先天地看出，道德律作为意志的规定根据，由于它损害着我们的一切爱好，而必然会导致一种可以被称之为痛苦的情感，并且在此我们就有了第一个、也许甚至是唯一的一个例子，在其中我们有可能从先天的概念出发来规定一种知识(在这里就是一种纯粹实践理性的知识)对愉快或不愉快的情感的关系。一切爱好合起来(它们当然也可以被归入某种尚可容忍的学说中，这时它们的满足就叫作自身幸福)构成了自私(solipsismus①)。这种自私要么是自爱的、即对自己本身超出一切之上的关爱的自私(Philautia②),要么是对自己本身感到称意(Arrogantia③)的自私。前者特别称作自矜,后者特别称作自大。纯粹实践理性对自矜仅仅是中止而已,因为它把这样一种在我们心中自然地并且还是在道德律之先活动的自矜限制在与这一法则相一致的条件下;于是这时它就被称之为一种有理性的自爱。但纯粹实践理性完全消除自大,因为一切发生在与德性法则相协调之前的对自我尊重的要求都是不值一提的和没有任何资格的,因为正是与这一法则相协调的某个意向的确定性才是一切人格价值的首要条件(如我们马上就会说明的那样),而任何先于这种确定性的强求都是错误的和违背法则的。于是这种自我尊重的偏好就其只是基于感性④之上而言,也是属于道德律所要中止的爱好之列的。所以道德律消除着自大。但既然道德律毕竟还是某种自身肯定的东西,也就是一种智性的原因性、即自由的形式,那么由于它与主观上的对立物、也就是与我们心中的爱好相反而减弱着自大,所以它同时就是一个敬重的对象,又由于它甚至消除着自大,亦即使之谦卑,所以它是一个最大的敬重的对象,因而也是一种不是起源于经验性而是被先天认识的肯定性情感的根据。所以对道德律的敬重是一种通过智性的根据起作用的情感,这种情感是我们能完全先天地认识并看出其必然性的唯一情感。

---

① 拉丁文:唯我主义。——译者
② 拉丁文:爱己。——译者
③ 拉丁文:自负。——译者
④ 康德原作"德性",兹据阿底克斯等人校正。——德文编者

我们在上一章已看到，一切先于道德律而呈现为意志客体的东西，都通过这个作为实践理性的至上条件的法则本身以无条件的善的名义而被排除在意志的规定根据之外了，并且，这个以诸准则与普遍立法相适应为内容的单纯实践形式才首次对那自在地和绝对地是善的东西进行了规定，并建立起唯一的在一切方面都是善的那个纯粹意志的准则。但现在，我们发现我们的本性作为感性的存在者具有这种性状，即欲求能力的质料（爱好的对象，不论是希望还是恐惧）首先是不由自主的，而我们的可从病理学上规定的自己，虽然通过自身的准则是完全不适合于普遍立法的，但却力图使其要求预先地并作为第一的和本源的要求发生效力，就好像这构成了我们的整个自己一样。我们可以把这种按照其意志的主观规定根据而使自己成为一般意志的客观规定根据的偏好称之为自爱，这种自爱如果把自己当做立法性的、当做无条件的实践原则，就可以叫作自大。于是，那唯一真正（即在一切方面）客观的道德律就完全排除了自爱对至上的实践原则的影响，并无限地中止了把自爱的主观条件颁布为法则的自大。既然凡是在我们自己的判断中中止我们的自大的东西，都使人谦卑，所以道德律不可避免地使每个人通过他把自己本性的感性偏好与这法则相比较而感到谦卑。那以其表象作为我们意志的规定根据在我们的自我意识中使我们感到谦卑的东西，就其是肯定的并且是规定根据而言，就为自己唤起敬重。所以道德律哪怕在主观上也是敬重的一个根据。既然一切在自爱中遇到的东西都属于爱好，一切爱好却基于情感之上，因而凡是使在自爱中所有的爱好全部中止的东西都正因此而必然对情感有影响，那么我们就

87

领会到,如何可能先天地看出,道德律通过把爱好和使爱好成为至上实践条件的这种偏好、也就是把自爱排除在任何参与至上立法的活动之外,而能够对情感发生作用,这种作用一方面只是否定性的,另一方面,也就是在纯粹实践理性的限制性根据方面,则是肯定性的,并且,为什么根本不允许把任何特殊种类的情感以实践情感和道德情感的名义假定为先行于道德律并为之奠定基础的。

对情感的这种否定性的作用(不快意),正如对情感的一切影响和对任何一般情感的影响一样,是病理学上的。但作为道德律意识的作用,因而就某种智性原因即作为至上立法者的纯粹实践理性的主体来看,一个被爱好所刺激着的有理性的主体的这种情感虽然叫做谦卑(智性的轻视),但就这种谦卑的肯定的根据即法则来看同时又是对法则的敬重,对于这种法则根本没有任何情感发生,而是在理性的判断看来,由于克服了前进中的阻力,对障碍的清除就等于是对这原因性的一种肯定的促进了。因此这种情感也就可以称之为对道德律的一种敬重的情感,但由于把这两个理由加在一起,它就可以被称之为道德情感了。

所以,道德律,正如它通过实践的纯粹理性而是行动的形式上的规定根据,以及它以善和恶的名义虽然也是行动对象的质料上的、但却只是客观的规定根据那样,它也是该行动的主观的规定根据,即动机,因为它对主体的感性①有影响,并产生一种对法则影响意志有促进作用的情感。在这里主体中预先并没有任何

---

① 康德原文为"德性",兹据诺尔特、维勒校正。——德文编者

与道德性相配的情感发生。这本是不可能的,因为一切情感都是感性的;但德性意向的动机却必须是摆脱一切感性条件的。毋宁说,为我们的一切爱好奠定基础的感性情感虽然是我们称之为敬重的那种感觉的条件,但对这情感进行规定的原因却在纯粹实践理性中,因此这种感觉由于它的起源而不可能是病理学上的,而必定是在实践上产生出来的:因为既然道德律的表象排除了自爱的影响和自大的妄想,这就减少了纯粹实践理性的阻碍,并产生出纯粹实践理性的客观法则优越于感性冲动的表象,因而在理性判断中使这法则的重量通过减去与之相抗衡的重量而相对地(就一个由感性所刺激的意志而言)产生出来。于是对法则的敬重并不是导致德性的动机,相反,它就是在主观上被看作动机的德性本身,这是因为纯粹实践理性由于它拒绝了与它相对立的自爱的一切要求,而为现在唯一有影响的法则取得了尊严。在此我们现在要注意的是:一旦敬重是对情感的一种作用、因而是对一个有理性的存在者的感性的作用,这就预设了这种感性为前提,因而也预设了这样一些存在者的有限性为前提,是道德律使这些存在者担当起敬重来的,而对一个最高的、乃至摆脱了一切感性、因而感性也决不可能是其实践理性的障碍的存在者,我们是不能赋予他对法则的敬重的。

　　所以这种(冠以道德情感之名)的情感仅仅是由理性引起的。它并不用来评判行动,也根本不用来建立起客观的德性法则本身,而只是用作动机,以便使德性法则自身成为准则。但我们能给这样一种特异的、不能和任何病理学情感相比拟的情感取一个什么更恰当的名称呢? 它是这样一种特别的情感,即它显得仅仅服从于理性的、也就是实践的纯粹理性的命令。

敬重任何时候都只是针对人格的,而绝不是针对事物的。后者可以在我们心里唤起爱好,并且如果是动物的话(如马、狗等等),甚至能唤起爱,或者就是恐惧,如大海,一座火山,一头猛兽,但从来不唤起敬重。与这种情感已经很接近的某种情感是赞叹,赞叹作为激情,即惊叹,也可以针对事物,如高耸入云的山峰,天体的巨大、繁多和遥远,有些动物的力量和速度等等。但这一切都不是敬重。一个人可以是我的一个爱的对象,恐惧的对象,或者赞叹的对象,甚至达到惊叹,但毕竟决不能因此就是敬重的对象。他的风趣的性情,他的勇气和强壮,他由于在别人中的地位而具有的影响力,都能引起我这样一类的感觉,但却总还是缺乏对他的内心敬重。丰特奈尔[①]说:我在贵人面前鞠躬,但我的精神并不鞠躬。我可以补充说:在一位出身微贱的普通市民面前,当我发觉他身上有我在自己身上没有看到的那种程度的正直品格时,我的精神鞠躬,不论我是否愿意,哪怕我仍然昂首挺胸以免他忽视了我的优越地位。这是为什么? 他的榜样在我面前树立了一条法则,当我用它来与我的行为相比较,并通过这个事实的证明而亲眼看到了对这条法则的遵守、因而看到了这条法则的可行性时,它就消除了我的自大。即使我意识到自己有同样程度的正直,这种敬重也仍会保持。因为既然在人身上一切善都是有缺陷的,所以那凭借一个榜样而变得直观的法则就仍然总在消除着我的骄傲,对此,我亲眼所见的这位人士就充当了一个尺度,他在自

___

[①] Fontenelle,Bernard Le Bover,Sieur de(1657—1757)法国科学家,作家,启蒙思想家。——译者

己身上总还是可能带有的那种不纯洁性对我来说并不像我自己的不纯洁性那样为我所熟悉，因而他在我眼里就显示出更纯粹的光辉。敬重是无论我们愿意不愿意，对于功德我们都无法拒绝给予的一种赞许；我们顶多可以在表面上不流露出这一点，但我们却不能防止在心里面感觉到它。

敬重很难说是一种愉快的情感，以致我们在看重一个人时陷入敬重只是不情愿的。我们试图找出能够使我们减轻敬重这一负担的东西，找出任何一种瑕疵，以便补偿由这样一个榜样使我们产生的谦卑所带来的损失。就连死去的人，尤其是当他的榜样显得是无法模仿的时，也并不总是幸免于这种批评的。甚至庄严伟岸的道德律本身也被暴露于这样一种抵制对它的敬重的企图面前。我们难道可以认为，除了我们想要摆脱这种吓人的、如此严肃地责备我们的不自重的敬重之外，我们之所以喜欢把道德律贬低为自己的亲切的爱好，可以归咎于某种别的原因吗？难道为了使道德律成为对我们自己应该注意的利益的随心所欲的规范，所做出的一切这样的努力都是出于别的原因？尽管如此，在这里面却毕竟又很难说有不愉快：以致当我们一旦摆脱了自大并允许那种敬重产生实践上的影响，我们又可以对这条法则的美妙庄严百看不厌，并且当灵魂看到这条神圣的法则超越于自己和自己那脆弱的天性之上的崇高性时，便会相信自己本身在这种程度上被提高了。虽然伟大的天才和与他们相称的活动也可以引起敬重或与此类似的情感，而且把这种情感献给他们也是完全正当的，而这时看起来就好像赞叹和那种感觉就是完全一样的了。不过如果我们更仔细地考察就会发现，由于在这种熟巧上有多少成分

91

应归于天生的天才,有多少成分应归于通过自己的勤奋而来的修养,这永远还是不确定的,所以理性就把这种熟巧推测性地向我们表象为修养的结果,因而表象为功劳,这显然就压抑了我们的自大,并且要么在这点上责备我们,要么责成我们以和我们相适合的方式来遵行这样一种榜样。所以它并不仅仅是赞叹,它是我们对这样一个人格(真正说来是对他的榜样向我们摆明的法则)表示的敬重;这由如下一点也得到证实:当众多平庸的倾慕者相信他们从另外什么地方得知了一个这样的人物(如伏尔泰)的性格上的劣迹时,就不再对他有任何敬重了,但真正的学者却至少着眼于他的天才而仍然总还是感到这种敬重,因为他本人卷入某

92 种事务和职业中,这就使对这人的模仿在某种程度上成为他的法则。

　　所以,一旦这种情感甚至不针对任何别的客体,而只针对出自这一根据的客体时,对道德律的敬重就是唯一的并且同时又是无可怀疑的道德动机了。首先,道德律客观地、直接地在理性判断中规定意志;但只有通过法则才能规定其原因性的自由却正是在于,它把一切爱好、因而把人格的自尊都限制在对自身纯粹法则的遵守这一条件上。这一限制于是就对情感发生作用,并产生出能够出于道德律先天地认识到的不愉快的感觉。但由于这种限制在这方面只是一种否定的作用,它作为从一个纯粹实践理性的影响中产生出来的作用,首先对主体的那种以爱好作为其规定根据的活动、因而对他的人格的价值(这种价值不和道德律相一致就被贬为一钱不值)的看法造成了损害,所以,这种法则对情感的作用就只是使之谦卑,因而我们虽然能先天地看出这种谦卑,

但在这上面却不能认识到作为动机的纯粹实践理性法则的力量，而只能认识到对感性动机的抵抗。但由于这条法则毕竟客观上、也就是在纯粹理性的表象中是意志的一个直接的规定根据，因而这种谦卑只是相对于法则的纯粹性才发生，所以在感性方面对道德上的自重的资格的贬低、亦即使之变得谦卑，就是在智性方面对法则本身的道德上的、即实践的尊重的提升，简言之，就是对法则的敬重，因而也是一种按其智性原因来说的积极的情感，它是先天被认识到的。因为对一种活动的阻力的任何减少都是对这种活动本身的促进。但对道德律的承认就是对实践理性的某种出自客观根据的活动的意识，这种活动只是由于主观原因（病理学上的原因）对它的阻碍才没有在行动中表现出自己的作用。所以对道德律的敬重也必须被看作这法则对情感的肯定的、但却是 93 间接的作用，只要这法则通过使自大谦卑化而削弱了各种爱好的阻碍性影响，因而，这敬重也必须被看作活动的主观根据，即看作遵守这法则的动机，以及与这法则相符合的生活作风的准则的根据。从动机的概念中产生出某种兴趣的概念，这兴趣永远只能赋予一个有理性的存在者，并且意味着意志的动机，只要这动机通过理性表象出来。由于法则本身在一个道德上善的意志中必须是动机，所以道德的兴趣就是单纯实践理性的一个纯粹的不依赖于感性的兴趣。建立在兴趣概念上的也有某种准则的概念。所以准则只有当它仅仅以人们对遵守法则所怀有的兴趣为基础时，它才在道德上是纯正的。但所有这三个概念，即动机概念、兴趣概念和准则概念，只能被应用于有限的存在者上。因为它们全都以一个存在者的本性的某种限制性为前提，因为该存在者的任意性的主观性状与一个实践理性的客观法则并不自发地协调一致；这就有一种通过什么而被推动得活动起来的需要，因为某种内部的阻碍是与这种活动相对抗的。所以这些概念在上帝的意志上是不能应用的。

在对纯粹的、去掉了一切利益的道德律的无限的尊崇中，有某种如此特别的东西，正如实践理性把这法则推荐给我们来遵守，而实践理性的声音甚至使最大胆的恶棍也感到战栗、并迫使他躲避这法则的目光那样：以至于我们不必奇怪，我们发现单纯智性的理念对情感的这种影响在思辨理性看来是无法解释的，而且不得不满足于我们竟然还能先天地看出一个这样的情感是不可分割地与每个有限的理性存在者心中的道德律表象结合着的。假如这种敬重的情感是病理学上的，因而是一种建立在内部感官上的愉快情感，那么想要揭示出这愉快①与任何一种先天理念的

94　关联就会是白费力气了。但现在，这是一种仅仅面向实践的情感，并且它只是按照法则的形式、而不是由于法则的任何一个客体而与法则的表象相联系的，因而它既不能算作快乐，也不能算作痛苦，但却对遵守这一法则产生出某种兴趣，我们将它称之为道德的兴趣；正如就连对法则怀有这样一种兴趣的能力（或对道德律本身的敬重）真正说来也是道德情感一样。

关于意志自由地、却又与某种不可避免的、但只是由自己的理性加于一切爱好上的强制结合着而服从法则的意识，就是对法则的敬重。那要求并且也引起这种敬重的法则，如我们所看到

① 哈滕斯泰因将"这愉快"校为"这情感"。——德文编者

的,无非是道德律(因为没有任何其他的法则是把一切爱好从它们对意志的影响的直接性中排除出去的)。那在客观实践上按照这一法则并排除一切出自爱好的规定根据的行动叫做义务,它为了这种排除之故在自己的概念中如此不情愿地包含有实践上的强迫,即对行动的规定,不论这些行动如何发生。来自这种强迫意识的情感不是病理学上的、即由一个感性对象引起的那种情感,相反,它仅仅是实践上的,也就是通过一个先行的(客观的)意志规定和理性的原因性才可能的。所以,这种情感作为对法则的服从,即作为命令(它对于受到感性刺激的主体宣告了强制),并不包含任何愉快,而是在这方面毋宁说于自身中包含了对行动的不愉快。不过反过来说,由于这种强制只是通过自己的理性的立法而施行的,这种情感也就包含有提升,包含有对情感的主观作用,只要它的唯一的原因是纯粹实践理性,因而,它也可以叫作只是在纯粹实践理性方面的自我批准,因为我们认识到自己是没有任何利害[兴趣]而只凭法则被规定为这样的,并从此就意识到一种完全不同的、由此而在主观上产生出来的兴趣,它是纯粹实践的和自由的,对某种合乎义务的行动所抱的这种兴趣绝不是听从爱好的建议,而是理性通过实践的法则绝对地命令并且也是实际地产生的,但因此也就带有一个完全独特的名称,即敬重这一名称。

　　所以义务的概念客观上要求行动与法则相符合一致,但主观上要求行动的准则对法则的敬重,作为由法则规定意志的唯一的方式。而基于这一点,就有了合乎义务所做的行动的意识和出于义务、即出于对法则的敬重所做的行动的意识之间的区别,其中

95

前者(即合法性)哪怕是只有爱好成了意志的规定根据时也是可能的,但后者(道德性),即道德价值,则必然只是建立在行动出自于义务而发生、也就是仅仅为了法则而发生这一点上。①

在一切道德评判中最具重要性的就是以极大的精确性注意到一切准则的主观原则,以便把行动的一切道德性建立在其出于义务和出于对法则的敬重的必然性上,而不是建立在出于对这些行动会产生的东西的喜爱和好感的那种必然性上。对于人和一切被创造的理性存在者来说,道德的必然性都是强迫,即责任,而任何建立于其上的行动都必须被表现为义务,而不是被表现为已被我们自己所喜爱或可能被我们自己喜爱的做法。就好像,我们有朝一日能做到无须对于法则抱有那种与害怕违禁的恐惧、至少是担忧结合着的敬重,我们就能像那超越于一切依赖性之上的神性一样自发地、仿佛是通过一种成为了我们的本性而永远不会动摇的意志与纯粹德性法则之间的协调一致(因而德性法则由于我们永远不可能被诱使去背弃它,也许最终就有可能完全不再对我们是命令了),而在某个时候能具有意志的某种神圣性似的。

也就是说,道德律对于一个最高完善的存在者的意志来说是一条神圣性的法则,但对于每个有限的理性存在者的意志来说则

① 如果我们精确地权衡对人格的敬重这个概念,正如它在前面已被阐明的那样,那么我们就发现,它总是建立在给我们树立起一个榜样的义务这种意识上的,因而敬重永远只能拥有一个道德上的根据,而凡是在我们运用这一术语的地方,注意到人在他的评判中对于道德律所怀有的那种隐秘的和值得惊叹的、但在此也常常表现出来的顾虑,这是非常好的,甚至从心理学的眼光来看对于人的知识也是很有用的。——康德

是一条义务的法则,道德强迫的法则,以及通过对这法则的敬重并出于对自己义务的敬畏而规定他的行动的法则。不得把另外一条主观原则设定为动机,因为否则行动虽然可以像这法则对它加以规范的那样发生,但由于这行动尽管是合乎义务的,却不是出自义务而发生的,所以对此的意向就不是道德的,而在这种立法中真正重要的却是这个意向。

出于对人们的爱和同情的好意对他们行善,或是出于对秩序的爱而主持正义,这是非常好的,但这还不是我们行为的真正的、与我们在作为人类的理性存在者中的立场相适合的道德准则,如果我们自以为能够仿佛像一个见习生那样凭借高傲的想象而置义务的观念于不顾,并且不依赖于命令而从自己的愉快出发一意孤行,就像没有任何命令迫使我们去那样做的话。我们置身于理性的规训之下,并且在我们服从这一规训的一切准则中都不得忘记,不要从它里面抽掉任何东西,也不要由于我们把我们意志的那种虽然是合乎法则的规定根据却仍然建立在不同于法则本身和对法则的敬重的别的东西中,而以自矜的妄想使法则(尽管这是我们自己的理性所立之法)的威信有所损失。义务和职责是我们唯一必须给予我们对道德律的关系的称呼。我们虽然是一个通过自由而可能的、由实践理性推荐我们去敬重的德性王国的立法的成员,但同时还是它的臣民,而不是它的首领,而看不清我们作为被造物的低微等级并对神圣法则的威望加以自大的拒绝,这已经是在精神上对这一法则的背弃了,哪怕这个法则的条文得到了实现。

但与此完全协调一致的是像这样一条命令的可能性:爱上帝

97

甚于一切和爱你的邻人如爱己①。因为这毕竟是作为命令要求对吩咐人去爱的法则加以敬重,而不是把使爱成为自己的原则这件事委之于随意的选择。但对上帝的爱作为爱好(病理学上的爱)是不可能的;因为上帝不是感官的对象。这样一种爱针对人虽然是可能的,但却不能被命令;因为仅仅按照命令去爱一个人,这是任何人都没有能力做到的。所以这只是被理解为一切法则的那个核心的实践的爱。爱上帝,意思是指乐意做上帝所命令的事;爱邻人,意思是乐意履行对邻人的一切义务。但使这一点成为规则的命令却也不能命令人在合乎义务的行动中具有这种意向,而只能是命令人朝这个方向努力。因为一个要人们应当乐意做某件事的命令是自相矛盾的,因为当我们已经自发地知道我们有责任做什么时,如果我们此外还意识到自己乐意这样做,对此下一个命令就会完全是不必要的了,并且,如果我们虽然做了,但恰好不是乐意的,而只是出于对法则的敬重,则一个使这种敬重正好成为准则的动机的命令就会恰恰违背所命令的意向而起作用。所以那条一切法则的法则正如福音书的一切道德规范一样,就把德性的意向体现在它的全部完善性中了,如同这种完善性作为一个神圣性理想是没有任何被造物能达到的,但它却是一个范本,是我们应当努力去接近并在一个不断的但却无限的进程中与之相同的。就是说,假如一个有理性的被造物有朝一日能够做到

98　完全乐意地去执行一切道德律,那么这将不过是意味着,在他心

---

　　① 与这条法则构成某种奇特对比的是那条有些人想要使之成为德性的最高原理的自身幸福的原则,它将会这样来表述:爱你自己甚于一切,而爱上帝和你的邻人却是为你自己的缘故。——康德

里甚至连诱惑他偏离这些道德律的某种欲望的可能性都不会存在;因为克服这样一种欲望对于主体来说总是要付出牺牲的,因而也需要自我强制,也就是需要内心强迫去做人们不是完全乐意做的事。但达到道德意向的这种程度是一个被造物永远不能做到的。因为既然它是一个被造物,因而就它为了对自己的状况完全心满意足所要求的东西而言,它总是有所依赖的,所以它永远不能完全摆脱欲望和爱好,这些东西由于基于身体的原因,不会自发地与具有完全不同的来源的道德律相符合,因而它们任何时候都有必要使被造物的准则的意向在考虑到它们时建立在道德强迫上,即不是建立在心甘情愿的服从上,而是建立在哪怕是不乐意地遵守这法则所要求的敬重上,不建立在那决不担心内心意志会对法则产生任何拒绝的爱之上,但仍然使这种爱,也就是单纯对法则的爱(因为这样一来法则就会不再是命令了,而主观上现在将转变为神圣性的道德性也就会不再是德行了)成为自己努力的永久的、虽然是不可达到的目标。因为对于我们所尊崇、但却(因为意识到我们的软弱)畏惧的东西,由于更容易适应它,恭敬的畏惧就转变成好感,敬重就转变成爱了;至少这将是一个献身于法则的意向的完成,如果一个被造物有朝一日会有可能达到这种完成的话。

这一考察在这里的目的,并不仅仅是要将前述福音书的诫命归到清晰的概念上来,以便在对上帝的爱方面遏制或尽可能预防宗教狂热,而是也要直接地在对人的义务方面精确规定德性意向,并遏制或尽可能预防那感染着大众头脑的单纯道德的狂热。 99
人类(按照我们的一切洞见也包括任何有理性的被造物)所立足

的德性层次就是对道德律的敬重。使人类有责任遵守道德律的那种意向就是：出于义务，而不是出于自愿的好感，也不是出于哪怕不用命令而自发乐意地从事的努力，而遵守道德律，而人一向都能够处于其中的那种道德状态就是德行，也就是在奋斗中的道德意向，而不是自以为具有了意志意向的某种完全的纯洁性时的神圣性。这纯粹是道德上的狂热和自大的膨胀，为此人们通过对行动的鼓舞而使内心具有更加高贵、更加崇高、更加慷慨的情绪，借此他们把内心置于妄想中，仿佛那构成他们行动的规定根据、并使他们通过遵守这一法则（听命于它）而越来越谦卑的不是义务，即对法则的敬重，这法则的束缚（虽然由于它是理性本身加给我们的因而是温和的束缚）是他们即使不情愿也必须承担的；反倒好像那些行动不是从义务中、而是作为他们的净赚被期待的。因为，不仅仅是他们通过对这样一些行为、也就是出自这条原则的那些行为的模仿，本来并不曾对这法则的精神有丝毫的符合，这种精神在于那服从法则的意向，而不在于行动的合法则性（不论这条原则是一条什么原则），并且，这些动机都是在病理学上（在同情甚或爱己之中）、而不是在道德上（在法则中）建立起来的，这样，他们就以这种方法产生了一种轻浮的、粗疏的、幻想的思维方式，即用他们内心的某种自愿的忠顺来使自己得意，似乎他们的内心既不需要鞭策也不需要约束，对它而言甚至就连一个命令也是不必要的，而在这方面忘记了他们本应先于他们的赚头而加以考虑的职责。别人的那些以巨大的牺牲、而且只是为了义务所做出的行动，当然也可以在高贵的和崇高的行为的名义下得到赞扬，但也只有在存在着让人猜测这些行动完全是出于对他的义务的敬重、而不是出于心血来潮才发生的迹象时才是如此。但如果我们要把这些行动作为仿效的榜样介绍给一个人，那么绝对必须用对义务的敬重（作为唯一真正的道德情感）当做动机：这种严肃而神圣的规范并不听任我们虚浮的自爱用病理学上的冲动（就其与道德性相类似而言）来戏弄，以赚来的价值自夸。只要我们仔细搜求一下，那么我们就已经会在一切值得称赞的行动上都发现一条义务法则，它在颁布命令，而不容取决于那有可能是我们的偏好所喜欢的我们的愿望。这是唯一从道德上使心灵得到教化的描述方式，因为只有它才能胜任坚定的和精确规定了的原理。

如果最广泛意义上的狂热就是按照原理来进行的对人类理性界限的跨越，那么道德狂热就是对人类的实践的纯粹理性所建立的界限的这种跨越，人类的这种理性通过这界限禁止把合乎义务的行动的主观规定根据、也就是它们的道德动机建立在任何别的地方，而只建立在法则本身中，禁止把由此带进准则中的意向建立在任何别的地方，而只建立在对法则的敬重之中，因而它命令使消除一切自负也消除虚荣爱己的义务观念成为人心中一切道德性的至上的生活原则。

所以如果是这样，那么不单是小说家或敏感的教育家（尽管他们还如此起劲地反对多愁善感），而且有时甚至哲学家、乃至一切哲学家中最严肃的哲学家斯多亚派，都引入了道德狂热来取代冷静的但却是明智的德性规训，尽管后面这些人的狂热更多地具有英雄气概，前面那些人的狂热则更具萎靡不振的性状，并且我们可以用不着伪装而十分忠实地照着福音书的道德信条说：福音

书首先是通过道德原则的纯粹性、但同时也通过这原则与有限存
在者的局限的适合性,而使人类的一切善行都服从某种摆在他们
眼前的、不容许他们在道德上所梦想的完善性之下狂热起来的义
务的管教,并对自大和自矜这两种喜欢弄错自己的界限的东西建
立起了谦卑(即自知)的限制。

义务! 你这崇高伟大的威名! 你不在自身中容纳任何带有
献媚的讨好,而是要求人服从,但也绝不为了推动人的意志而以
激起内心中自然的厌恶并使人害怕的东西来威胁人,而只是树立
一条法则,它自发地找到内心的入口,但却甚至违背意志而为自
己赢得崇敬(即使并不总是赢得遵行),面对这法则,一切爱好都
哑口无言,即使它们暗中抵制它:你的可敬的起源是什么? 我们
在哪里寻找你的那条高傲地拒绝了与爱好的一切亲属关系的高
贵出身的根? 而且,溯源于哪一条根才是人类唯一能自己给予自
己的那个价值的不可缺少的条件?

这个东西决不会低于那使人类提升到自身(作为感官世界的
一部分)之上的东西,那把人类与只有知性才能思考的事物秩序
联系起来的东西,这个事物秩序主宰着整个感官世界,与此同时
还主宰着人在时间中的可经验性地规定的存有及一切目的的整
体(只有这个整体才是与像道德律这样一个无条件的实践法则相
适合的)。这个东西不是别的,正是人格性,也就是摆脱了整个自
然的机械作用的自由和独立,但它同时却被看作某个存在者的能
力,这个存在者服从于自己特有的、也就是由他自己的理性给予
的纯粹实践法则,因而人格作为属于感官世界的人格,就他同时
又属于理知世界而言,则服从于他自己的人格性;这就不必奇怪,

人作为属于两个世界的人,不能不带有崇敬地在与他的第二个和最高的使命的关系中看待自己的本质,也不能不以最高的敬重看待这个使命的法则。

一些按照道德理念来标明对象价值的术语就是以这个起源为根据的。道德律是神圣的(不可侵犯的)。人虽然是够不神圣的了,但在其人格中的人性对人来说却必然是神圣的。在全部造物中,人们所想要的和能够支配的一切也都只能作为手段来运用;只有人及连同人在内所有的有理性的造物才是自在的目的本身。因为他凭借其自由的自律而是那本身神圣的道德律的主体。正是为了自由之故,每个意志、甚至每个人格自己所特有的针对他自己本人的意志,都被限制于与有理性的存在者的自律相一致这个条件之下,也就是不使这个存在者屈从于任何不按照某种从受动主体本身的意志中能够产生出来的法则而可能的意图;所以这个存在者永远不只是用作手段,而且同时本身也用作目的。就这个世界中的有理性的存在者作为上帝意志的造物而言,这个条件我们甚至有理由赋予上帝的意志,因为该条件是基于这些造物的人格性之上的,只有凭借人格性这些造物才是自在的目的本身。

这个激起敬重的人格性理念让我们看见了我们本性(按其使命而言)的崇高性,因为它同时让我们注意到我们的行为在这种崇高性方面缺乏适合性,这样就消除了自大,这个理念甚至对最普通的人类理性来说也是自然的和容易看出来的。每个哪怕只有一般程度的诚实的人难道不是有时也发现,一个本来是无害的谎言,他原可以借此要么使自己从一场麻烦的纠葛中脱身出来,

102

要么很可以为一个所爱的有价值的朋友谋取利益,但却仅仅为了不让自己私下里在自己眼中遭到轻视而放弃了?一个陷入生活的巨大不幸的正直的人,只要他能摆脱他的义务,他本来可以避免这种不幸,难道使他挺住的不正是这种意识,即他毕竟保持和尊重了他人格中的人性的尊严,他在他自己面前没有理由感到羞愧,而且没有理由畏惧内心自我拷问的眼光?这种慰藉不是幸福,甚至也不是幸福的最小部分。因为没有人会希望自己遭遇到它,甚至也许就连这样一种处境的生活也不希望有。然而他活着,并且不能忍受在自己眼里配不上这种生活。所以这种内心的镇静对于一切可以使得生活快适的东西只是否定性的;因为这是在他完全放弃了他的现状的价值以后,对在人格性价值中沉沦这种危险的阻止。这是对某种完全不同于生活的东西的敬重的结果,与这种东西相比和相对照,生活连同其所有的快意毋宁说根本就没有什么价值。他仅仅只是出于义务还活着,而不是由于他对生活感到丝毫的趣味。

纯粹实践理性的真正动机就是这样的情况;它无非是纯粹道德律本身,只要这法则让我们发觉我们自己的超感性实存的崇高性,并主观上在人们的心中,在他们同时意识到自己的感性存有和与此结合着的对他们在这方面很受病理学上的刺激的本性的依赖性时,引起了对于自己更高使命的敬重。于是,与这种动机结合着的就很可能是生活的如此之多的魅力和快意,以至于甚至仅仅为了它们之故,一个合理的并对生活的最大福祉深思熟虑的伊壁鸠鲁主义者所作的最明智的选择也已经会表示赞成德行善举了,而把对生活的欢乐享受的这种展望与那个至高的、单凭自身已经足以进行规定的动因结合起来,这种做法也可以是值得推荐的;但如果谈到义务的话,这样做只是为了与恶习一定会在反面幻化出来的种种诱惑保持一个平衡,而不是为了在这里面把真正的动力放入进来,哪怕一丝一毫也不行。因为这将意味着想要使道德意向在其源头上遭到污染。义务的尊严与生活享受没有任何相干;它有自己特有的法则,甚至自己特有的法庭,而且不论我们还想如何把这两者搅在一起,以便把它们仿佛混合成药剂递给有病的心灵,但它们却马上就自行分离,如果它们不分离,那么前者就完全不起作用,即使肉体的生活会从这里获得某些力量,而道德的生活却会无可救药地衰退下去。

对纯粹实践理性的分析论的批判性说明

　　我所谓的对一门科学或它的单独构成一个系统的某个部分的批判性说明,是指当人们把它与一个别的具有类似认识能力作根据的系统进行比较时,对于它为什么恰好必须具有这样的而不是任何其他的系统形式所作的探讨和辩解。现在,实践理性和思辨理性就两者都是纯粹理性而言,都有同样的认识能力作根据。所以一种理性和另一种理性在系统形式上的区别将不得不通过比较来规定并指出其根据。

　　纯粹理论理性的分析论与那些能够被提供给知性的对象的知识打交道,所以它必须从直观、因而(由于这种直观总是感性的)从感性开始,但从那里首先进展到(这直观的诸对象的)概念,并只有在预先准备了这两者之后才以诸原理结束。相反,由于实践理性并不和诸对象打交道以认识它们,而是与它自己的那种(按照诸对象的知识而)使诸对象实现出来的能力打交道,也就是和一个就理性包含原因性的规定根据而言本身就是某种原因性的意志打交道,因而这时理性无须指出任何直观的客体,而是(由于原因性概念总是包含着与一个在相互关系中规定杂多之实存的法则的关联)作为实践理性而只需指出一条法则:所以就这理性应当是一种实践理性而言,它的分析论的一个批判(这是本来的任务①)就必须从先天的实践原理的可能性开始。只有从这里出发,它才能进到实践理性对象的诸概念,即绝对的善和恶的概念,以便按照那些原理首次将这些对象提供出来(因为这些对象是不可能先于那些原则通过任何认识能力作为善和恶而被提供出来的),并且只有在此之后,最后一章、即关于纯粹实践理性对感性的关系及实践理性对感性的可先天认识的必然影响的一章,也就是关于道德情感的一章,才结束了这一部分②。于是,实践的纯粹理性的分析论就完全与理论的纯粹理性类似地对其运用的一切条件的整个范围进行了划分,但却具有相反的秩序。理论的纯粹理性的分析论被分为先验感性论和先验逻辑,反之,实践的纯粹理性的分析论则被分为纯粹实践理性的逻辑和感性论(如果允许我在这里仅仅出于类比而运用这种本来根本不合适的

---

① 据那托尔普,此句应作"它的一个批判(这是分析论的本来任务)";诺尔特(Nolte)则建议去掉"批判"二字,则变成:"它的分析论(这是本来的任务)"。——德文编者

② "部分"(Teil)在此不是指"要素论"这个第一"部分",而是指其下的第一"卷"(Buch)即"分析论"。——译者

命名的话），在前者那里逻辑又分为概念分析论和原理分析论，在后者这里则分为原理分析论和概念分析论。在前者那里感性论出于感性直观的双重性质还具有两个部分；在后者这里感性根本不被看作直观能力，而只被看作情感（它可以是欲求活动的主观根据），而在情感方面纯粹实践理性就不再允许任何进一步的划分了。

甚至这种两部分连同其分支的划分在这里没有被现实地放在前面（正如人们本来很可能一开始就由以前划分的榜样被引诱着去尝试的那样），其理由也能很容易看出来。因为在这里是在其实践运用中被考察的纯粹理性，因而它是从先天原理而不是从经验性的规定根据出发的：所以纯粹实践理性分析论的这种划分就必定得出类似于一个三段论推理的结果，即从大前提中的共相（道德原则）出发，通过一个在小前提中前置了的、把（作为善的或恶的）可能行动放在共相之下的归摄，而前进到结论、也就是前进到主观的意志规定（一种对实践上可能的善和建立于其上的准则的关切）。对于已经能够确信分析论中出现的这些命题的人，这样一些比较就会使他们感到快乐；因为这些比较正当地引起了一种期望，或许有一天能够抵达对全部纯粹理性能力（不论是理论理性还是实践理性的能力）的统一性的洞见并从一个原则中推导出一切来；而这是人类理性的不可避免的需要，人类理性只有在其知识的一个完备的系统化的统一中才感到完全的心满意足。

但如果我们现在也考察一下我们关于纯粹实践理性并通过它所能够拥有的知识的内容，正如纯粹实践理性的分析论将它摆明的那样，那么尽管纯粹实践理性与理论理性之间有值得注意的类似,同样也可以找到值得注意的区别。在理论理性方面,一种纯粹理性认识的先天能力可以通过来自科学的例证(在这些科学上由于它们对自己的原则以如此各色各样的方式通过按一定方法的运用而加以检验,人们就不必担心如同在日常知识那里一样很轻易地把经验性的认识根据暗中掺杂进来)而十分容易和明显地得到证明。但纯粹理性不掺杂任何一种经验性的规定根据而自身单独也是实践的,这一点我们却必定可以从最日常的实践理性运用中作出阐明,因为我们把这个至上的实践原理认证为这样一条原理,每个自然的人类理性都会认为它作为完全先天的、不依赖于任何感性材料的原理是人的意志的至上法则。我们首先必须把这条原理按照其起源的纯粹性甚至在这个日常理性的判断中加以验证和辩护,然后科学才能够把这条原理把握在手,以便对它加以运用,仿佛它是一个先行于一切关于其可能性的推想和一切有可能从中引出的结论的事实似的。但这种情况也可以由此前刚刚阐述过的作出很好的解释;因为实践的纯粹理性一定

107　必须由那些原理开始,这些原理因而必须作为最初的材料给全部科学奠定基础,而不能从科学中才首次产生出来。但对道德原则作为纯粹理性的诸原理的辩护却因此可以通过援引日常人类知性的判断而很好地并且以足够的可靠性来进行,因为一切有可能作为意志的规定根据混入我们的准则中来的经验性的东西通过它在激发起欲望时必然附着在意志之上的快乐或痛苦的情感马上就成为可辨认的,但那个纯粹实践理性却完全拒绝把这种情感作为条件接受到自己的原则中来。这些(经验性的和理性的)规定根据的不同质性,通过一个实践上立法的理性对一切混合的爱

好的抗拒,通过某种特别的、但并非先行于实践理性的立法、反倒是唯有借助于这种立法、即作为一种强制而产生出来的感觉方式,也就是通过某种敬重的情感——这类情感没有任何人是对于爱好而具有的,不论这爱好可能是何种类型,但却可以对于法则而具有,——而得到这样的辨认、变得这样的突出和显著,以至于任何人、哪怕是最日常的人类知性,都不会不在一个呈现在面前的榜样那里瞬间感到,他虽然会通过意愿的经验性根据被劝告去追随它们的诱惑,但永远不能指望他除了只遵从纯粹实践理性法则外还遵从别的法则。

　　在幸福论中诸经验性原则构成了整个基础,而这些原则对于德性论来说却甚至丝毫不构成其附加成分,于是区分开幸福论和德性论在纯粹实践理性的分析论中是它的首先和最重要的职责性工作,它在这件工作中必须像几何学家在自己的研究中那样做得一丝不苟,甚至也可以说吹毛求疵。但对于在这里(正如任何时候在凭借单纯概念而非概念的构造而来的理性知识中一样)由于不能把任何直观作为(纯粹本体的①)根据而必须与更大的困难作斗争的哲学家来说,毕竟也很有用的办法就是,他几乎像化学家一样任何时候都可以用每个人的实践理性来做实验,以便把道德的(纯粹)规定根据与经验性的根据区别开来;当他把道德律(作为规定根据)加在从经验性上被刺激起来的意志(例如那种由于能够凭借说谎而有所获就会愿意说谎的意志)之上时就是这样。这就仿佛化学家把碱加入石灰在盐酸中的溶液里那样;盐酸

108

――――――――

　　①　那托尔普认为"纯粹本体"应为"他的本体",阿底克斯校作"一个本体的任何直观"。——德文编者

马上就脱离了钙而与碱化合,钙则沉淀在底下。同样,这条道德律树立于一个本来就很正派的人(或至少哪怕这一次想把自己置于一个正派人的地位的人)面前,他凭这法则就认识到一个说谎者的卑劣,——他的实践理性(在关于什么是他应当做的事这个判断中)马上就抛弃了好处而使自己与那为他保持着对他自己人格的敬重的东西(诚实)相一致,而那种好处则在从理性(它完全只站在义务一边)的一切附属物中被分离出来和清洗出来以后,现在就被每个人加以权衡,以便也许还在别的场合下与理性建立起联系,只是除开它有可能违背道德律的情况以外,而道德律是永远不离开理性,而是与之最密切地结合着的。

但是,幸福原则与德性原则的这一区别并不因此就立刻是双方的对立,纯粹实践理性并不要求人们应当放弃对幸福的权利,而只是要求只要谈到义务,就应当对那种权利根本置之度外。就某种观点来看,照顾自己的幸福甚至也可以是义务;一方面是因为幸福(灵巧、健康、财富都属于此列)包含着实现自己义务的手段,一方面也是因为幸福的缺乏(如贫穷)包含着践踏义务的诱惑。只促进自己的幸福,这直接说来永远也不可能是义务,更不可能是一切义务的原则。既然意志的一切规定根据除了唯一的纯粹实践理性法则(道德律)之外全都是经验性的,因而本身是属于幸福原则的,那么它们就全都必须从至上的德性原理中分离出来而永远不能作为条件被合并到德性原理中去,因为这将会把一切德性价值都完全取消了,正如对几何学的原理作经验性的掺杂就会把一切数学的自明性这个数学本身(按照柏拉图的判断)所拥有的最卓越的、甚至比数学的一切用处都重要的东西都取消了一样。

但能够取代对纯粹实践理性的至上原则的演绎,即取代对这样一类先天知识的可能性的解释的东西无非是提出这个理由:假如我们洞察了一个起作用的原因的自由的可能性,我们也决不会只是洞察到作为理性存在者的至上实践法则的那个道德律的可能性,而是将完全洞察其必然性,而这些理性存在者我们是赋予了其意志的原因性的自由的;因为这两个概念是如此不可分割地结合着,以至于我们也可以通过意志对于除了唯一的道德律以外的任何其他东西的独立性来给实践的自由下定义。不过,一个起作用的原因的自由,尤其是在感官世界中,按其可能性来说是绝对不可能被洞察的;只要我们能够充分保证不会有对自由的不可能性的任何证明,于是就由于悬设了自由的那个道德律而不得不假定自由、并同样由此也被授权假定自由,那就是万幸了! 因为尽管如此,还有许多人仍然总相信这种自由是可以像所有别的自然能力一样按照经验性原则来解释的,并且把自由看作心理学的属性,其解释唯一地取决于对灵魂的本性和意志的动机作更仔细的研究,而不是看作一个属于感官世界的存在者的因果性的先验的谓词(正如事情实际上毕竟唯一地取决于这一点那样),这样就把我们通过纯粹实践理性并借助于道德律所接受到的那个壮丽的启示、即通过清楚意识到自由的那个本来是超验的概念而对一个理知世界的启示取消了,连同一起取消的是绝对不接受任何经验性的规定根据的道德律本身:所以就有必要为了防止这一幻觉及展示经验主义的赤裸裸的浅薄而在这里再作一点引述。

与作为自由的原因性不同的作为自然必然性的因果性〔原因

性]这个概念只涉及物的实存,只要这个实存是在时间中可规定的、因而是作为现象而与这些现象的作为自在之物本身的原因性相对立的。现在,如果我们把物在时间中的实存的规定当做自在之物本身的规定(这是最常见的表象方式),那么在因果关系中的必然性与自由就不能以任何办法达成一致;相反,它们处于相互矛盾的对立中。因为,从必然性中所得出的结论是,任何事件、因而在一个时间点上采取的任何行动,都必然是以在先行的时间中发生过的事为条件的。既然过去了的时间不再在我的控制之下,所以我所实行的每个行动都由于不受我所控制的规定性根据而是必然的,就是说,我在我行动的那个时间点上绝不是自由的。的确,即便我把我的整个存有假定为不依赖于任何一个外来的原因(如上帝),以至我的原因性、甚至我的整个实存的规定根据都完全不会处于我之外,那么这毕竟丝毫也不会把那个自然必然性转变成自由。因为在每个时间点上我总还是服从必然性的,即通过那不受我所控制的事而被规定去行动的,而诸事件 a parte priori① 无限序列,我永远只会按照一个已经预先规定的秩序来延续它,却决不会自行开始它,它就会是一条持续不断的自然链条,因而我的因果性决不会是自由。

　　所以,如果我们想把自由赋予一个其存有在时间中被规定了的存在者,那么我们至少不能在这方面把它从它的实存中、因而也是它的行动中的一切事件的自然必然性法则中排除出去;因为这将等于是把它托付给了盲目的盖然性。但由于这条法则不可

111

---

　　①　拉丁文:来自先前部分的。——译者

避免地涉及到这些物就其在时间中的存有可以被规定而言的一切因果性，所以，如果这条法则是我们也能够据以设想这些自在之物本身的存有的方式，则自由就必然会被作为一个无意义的和不可能的概念而遭到抛弃。因此，如果我们还要拯救自由，那么就只剩下一种方法，即把一物的就其在时间中能被规定而言的存有，因而也把按照自然必然性的法则的因果性只是赋予现象，而把自由赋予作为自在之物本身的同一个存在者。这样做当然是不可避免的，如果我们想要把这两个互不相容的概念同时保持住的话；不过，如果我们想要把它们解释为结合在同一个行动中，因而想解释这种结合的话，在应用中却冒出来种种巨大的困难，它们似乎使得这样一种结合变得不可行了。

如果我关于一个犯过一次偷窃行为的人说：这个行为是按照因果性的自然法则从先行时间的规定根据来的一个必然后果，那就不可能有这个行为本来可以不发生这件事；那么，按照道德律所作的评判在这里又如何能够造成一个改变，并预设这个行为由于道德律说本来应当不做而本来毕竟可以不做，就是说，这个人在该时间点上、就该行动而言毕竟从属于一种不可避免的自然必然性之下，他在这同一时间点上并就同一行动而言又如何能够说是完全自由的呢？试图寻求一种托词，说人们只是使自己的按照自然法则的因果性之规定根据的方式适合于一种比较的自由概念（据此，对一个东西进行规定的自然根据若处于起作用的存在者内部，这个东西有时就叫做自由的结果，例如一个被抛物体当它在自由运动时所做的，我们在这里运用自由这个词，是因为该物体在它处于飞行的期间没有从外部受到任何东西的推动，或者,就像我们把一只表的运动也称之为一种自由运动一样,因为它自己推动自己的指针,因而这指针可以不由外部来推动,同样,人的行动尽管由于它们在时间中先行的那些规定根据而是必然的,但却还是被称之为自由的,因为这毕竟是一些内部的、通过我们自己的力量而产生的表象,因此就是按照种种机缘状况而产生的欲望所引起的、因而是按照我们自己的随意性而引起的行动),这是一种可怜的借口,总还是有一些人用这个借口来搪塞自己,以为自己用抠出一个小小的字眼儿的方式就解决了那个困难的问题,为了解决这个问题人们毫无结果地工作了数千年,因此答案的确是很难通过这种完全表面的方式就可以被找到的。因为在追问一切道德律及与之相应的责任追究必须当做根据的那个自由时,问题根本不取决于那依照一条自然法则来规定的因果性是由于处在主体之中的规定根据还是由于处在主体之外的规定根据而是必然的,在处于主体之中时又是由于本能还是由于借理性来思考过的规定根据而是必然的;如果这些进行规定的表象按照这同一些人士所承认的,本身毕竟在时间中、也就是在先前状态中有自己实存的根据,而这种先前状态却又在一个先行状态中有其实存的根据,如此等等,于是尽管它们、即这些规定可以始终是内部的,尽管它们可以有心理学的而非机械论的因果性,也就是通过表象而不是通过物体的运动来产生行动:那么这就始终是存在者就其存有可以在时间中规定而言的因果性的一些规定根据,因而是处于过去时间的那些使之成为必然的条件之下的,所以这些条件在主体应当行动时就不再受他所控制,因而那些规定根据虽然具有心理学的自由(如果人们愿意把这个词运用在灵魂诸表象的一个仅仅是内部的链条上的话），但毕竟带有自然必然性，因而并没有留下任何先验的自由，后者是必须作为对于一切经验性的东西、因而对于一般自然的独立性而被思维的，不论这自然是被看作仅仅在时间中的内部感官的对象，还是看作同时在空间和时间中的外部感官的对象，没有这种唯一是先天实践性的（在最后这种真正意义上的）自由，任何道德律、任何根据道德律的责任追究都是不可能的。正是为此我们才可以把在时间中的种种事件的所有必然性都按照因果性的自然法则也称之为自然的机械作用，虽然我们的意思并不是指那些服从机械作用之物必须现实地是一些物质的机器。在这里我们只是当种种事件按照自然规律发展时着眼于它们在时间序列中的联结的必然性，我们现在可以把这一过程发生于其中的那个主体称之为Automaton materiale①，因为这个机器是由物质推动的，或者依莱布尼茨，称之为 Automaton spirituale②，因为它是由表象推动的，并且如果我们意志的自由无非是后一种（例如说心理学的和比较性的，而非同时是先验的即绝对的）自由，那么它从根本上也丝毫不比一个旋转烤肉叉的自由好到哪里去，后者一旦上紧了发条，也会自行完成它的运动。

　　现在，为了消除前述场合下同一个行动中在自然的机械作用和自由之间表面上的矛盾，我们必须回忆一下在《纯粹理性批判》中已经说过的东西，或是从中得出的东西，即：与主体的自由不能一起共存的自然必然性只是与那种从属于时间条件的物的诸规

---

　　①　拉丁文：物质的自动机。——译者
　　②　拉丁文：精神的自动机。——译者

定相联系的,从而只是与作为现象的行动主体的那些规定相联系的,所以就此而言主体的每一个行动的规定根据都处于那属于过去时间而不再受他控制的东西中(必须归于此列的也有他的已经做出的行为,以及在他自己眼中作为现相而可由这些行为所规定的他的性格)。但在另一方面也意识到自己是自在之物本身的这同一个主体,却将自己的存有本身就其并不从属于时间条件而言也只是看作能通过他凭理性给予自己的那些法则所规定的,而在他的这种存有中,他没有任何东西先行于自己的意志规定,相反,每个行动、并且一般地说他的存有的每个按照内感官而变更着的规定,甚至他作为感官存在者的实存的全部系列,在对他的理知实存的意识中都必须被看作无非是后果,却绝不是他作为本体的原因性的规定根据。于是从这方面来看,有理性的存在者对于他所干出的每个违背法则的行动,哪怕它作为现象是在过去充分规定了的并且就此而言是不可避免地必然的,他也有权说,他本来是可以不做出这一行动的;因为这个行动连同对它加以规定的一切过去的东西都属于他自己给自己造成的性格之独一无二的现相,按照这个性格,他作为一个独立于一切感性的原因而把那些现象的原因性本身归咎于自己。

与此完全相一致的也有在我们里面我们称之为良知的那个奇特能力的公正判决。一个人尽可以矫揉造作,以便把他还未忘记的一件违法行为文饰为无意的过失,文饰为仅仅是人们决不可能完全避免的不小心,因而文饰为他被自然必然性的湍流所卷入进去的事情,并宣称自己在这件事上是无辜的;但他毕竟会发现,这位为他作有利辩护的律师决不可能使他心中的原告保持沉默,如果他意识到当他在干这件不正当的事时他完全是清醒的、即他在运用自己的自由的话，虽然他把他的违法行为用某种由于逐渐放松对自己的警惕而染上的坏习惯来解释，直到他能够把这个行为看作这种习惯的自然后果的程度，这却仍然不能使他免于自责和他自己对自己发出的训斥。正是根据这一点，人们对于一件早就犯下的罪行在每次回忆起来的时候也都心怀悔恨；一种由道德意向所引起的痛苦的情感，就其并不能用来使已经发生过的事情不发生这点而言在实践上是空洞的，甚至会是荒谬的（如同普利斯特利①这样一个地道的贯彻到底的宿命论者也把这种情感宣称为荒谬的一样，而在坦诚性方面他比这样一些人更值得称赞，这些人由于他们实际上主张意志的机械作用，但在口头上却主张意志自由，就总还是愿意被视为他们在自己的调和主义体系中把自由一起都包括在内了，却并没有说明这样一种责任追究的可能性），但作为痛苦却毕竟是完全合乎法则的，因为理性在事情取决于我们的理知实存的法则（道德律）时不承认任何时间差异，而只是问这个事件作为行为是否属于我，但然后就总是把这种情感与这行为从道德上联结起来，不管这行为是现在发生的还是早先发生的。因为感官生命在对其存有的理知的意识（即对自由的意识）方面具有一个现相的绝对统一性，这个现相就其只包含着有关涉及道德律的意向（有关性格）的那些现象而言必须不是按照那应归之于作为现象的性格的自然必然性来评判，而是按照自由的绝对自发性来评判。所以我们可以承认，假如对我们来说有可

②　Priestley，Joseph（1733—1804），英国教士、政论家、教育家和科学家。——译者

能对一个人的思维方式一旦它通过内部的或外部的行动表现出来就具有如此深刻的洞见，以至对这种思维方式的每一个哪怕是最微小的动机、连同一切对这一动机起作用的外部诱因也都为我们所获悉，我们对一个人在未来的行为举止就有可能如同对一次月食或日食一样确定地测算出来，这时我们却仍然主张人是自由的。就是说，假如我们还能够对人的主体有另外一种眼光（但这种眼光当然并没有赋予我们，我们所有的不是它而只是理性概念），亦即一种智性的直观，那么我们也许就会最终发觉，就永远只能涉及道德律的东西而言种种现象的这个完整的链条都取决于作为自在之物本身的主体的自发性，关于这个自发性的规定是根本不可能给出任何自然解释的。在缺乏这种直观的情况下，道德律向我们保证，我们的作为现象的行动与我们主体的感官存在者的关系，是不同于这个感官存在者本身借以被联系到我们里面的理知基底的那种关系的。——在这种对于我们的理性来说是自然而然的、虽然是难以说明的考虑中，甚至那些以极为认真的态度作出的、但最初看起来却显得是与一切合情合理相冲突的评判都可以得到辩护了。在有些情况下，人们从小哪怕与别人同时受到良好的教育，但却这么早就显露出恶性来，并且一直继续加剧到他们的成年时代，以致人们把他们看作是天生的恶棍，而且看作在思维方式上是完全无可救药的，但却同样还是为了他们的所作所为而审判他们，同样指责他们的违法行为是罪过，甚至他们（小孩）自己也觉得这种指责是完全有根据的，就好像即使他们内心那种被归于他们的自然性状毫无希望，他们却仍然像每个其他人那样要承担责任似的。这种情况本不可能发生，假如我们不是预设了一切出自人的任意的事（每个故意做出来的行动无疑都是如此）都有一个自由的原因性作根据的话，这种自由的原因性从少年时代起就在他们的现象（行动）中表现出他们的性格，这些现象由于行为的类似性而使得一种自然关联成为可识别的，但这种关联并没有使意志的恶劣性状成为必然的，毋宁说，它是自愿接受了那些顽固不化的罪恶原理的后果，这些原理只会使意志更加卑鄙和更该受到惩罚。

但自由还将面临一个困难，如果人们要把它在一个属于感官世界的存在者中与自然机械作用结合起来的话：这种困难即使在至今所说的一切都得到赞同之后，却仍然使自由受到灭顶之灾的威胁。但尽管有这种危险，有一种情况毕竟同时也提供了对于主张自由来说还有幸运的出路的希望，这就是：同样的困难对于那种把时间和空间中的实存看作自在之物本身的实存的学说所造成的压力更强得多（事实上如我们马上将看到的，它只压制这个学说），所以它并不强迫我们放弃我们最重要的预设，即对作为感性直观之单纯形式的、因而作为主体在属于感官世界时所特有之单纯表象方式的时间的那种观念性的预设，因而只要求我们把这个预设同自由的理念结合起来。

这就是说，即使人们向我们承认理知的主体在一个给予的行动上还能够是自由的，哪怕它作为一个属于感官世界的主体在同一个行动上也是以机械作用为条件的，然而看来只要我们认为上帝作为普遍的原始存在者也是实体之实存的原因（这是一个永远也不可放弃的命题，除非我们把作为一切存在者的存在者的上帝概念，连同在神学中一切东西所依赖的上帝之圆满俱足都一起放弃掉),我们似乎也就不得不承认:人的种种行动在那个完全在他控制之外的东西中,也就是说在一个与人不同的、人的存有和他的原因性的全部规定所完全依赖的最高存在者的原因性中,有它们进行规定的根据。实际上,假如人的行动当它们属于人在时间中的规定时,不仅仅是对人作为现象的规定,而且是对他作为自在之物的规定,那么自由就会无法拯救了。人就会是由一切工艺制品的那个至高无上的巨匠所制作和上好发条的傀儡或沃康松①式的自动机了,而自我意识虽然会使它成为一个思维着的自动机,但在其中当他的自发性被看作是自由的时,对这个自发性的意识就会只不过是幻觉,因为,既然规定他的运动的那些最近的原因以及这个运动上溯到它的那些规定原因的一个长长的序列虽然都存在于内部,但最后和最高的那个规定原因却毕竟完全是在一只外来的手那里找到的,那么这种自发性就只配称之为比较性的。因此我看不出那些一直还在坚持把时间和空间视为属于自在之物本身之存有的规定的人在这里将如何避免行动的宿命;或者,如果他们如此直接地(如本来很精明的门德尔松②所做的那样)把时空都只承认为必然属于有限的和派生的存在者之实

118 存的条件,但却不是必然属于无限的原始存在者之实存的条件,我看不出他们将如何为自己辩护,说明他们从何处取得这种权利来作出这样的区分;甚至他们将如何避开他们在把时间中的存有看作必然与有限的自在之物相联系的规定时所遭遇到的矛盾,因

---

① Vaucanson,Jacques de(1709—1782),法国发明家,所发明的自动机装置对现代工业有重大影响。——译者

② Mendelssohn,Moses(1729—1786),德国犹太人哲学家,《圣经》翻译注释家。——译者

为上帝是这个存有的原因,但却又不可能是时间(或空间)本身的原因(因为时间必须被预设为物之存有的先天必然条件),因而上帝的原因性在这些物的实存上本身也必须是以时间为条件的,于是这里就不可避免地必然会出现针对上帝的无限性和独立性这两个概念的一切矛盾。相反,我们很容易把与一个感官世界的存在者的规定不同的、作为不依赖于一切时间条件的上帝实存的规定,当做某个自在的存在者本身的实存而与一个在现象中的物的实存区别开来。因此,如果我们不接受时间和空间的那个观念性,则唯一剩下的就只是斯宾诺莎主义,在其中空间和时间就是原始存在者本身的本质规定,而依赖于原始存在者的物(因而也包括我们自己)并不是实体,而只是依存于实体的偶性;因为,如果这些物只是作为原始存在者在时间中的结果而实存,而时间又是它们自在地实存的条件的话,那么甚至这些存在者的行动也就必然会不过是原始存在者随时随地所实行的行动了。因此尽管斯宾诺莎主义的基本理念很荒谬,但它的推论却远比按创世论所能做到的更加令人信服,如果这些被当做实体并自在地实存于时间中的存在者被视为一个至上原因的结果,但却并不同时被视为属于原始存在者及其行动的,而是被视为独立的实体的话。

上述困难的简单明白的解决是以下面这种方式完成的。如果在时间中的实存就是这个世界中思维着的存在者的一种单纯感性的表象方式,因而并不涉及作为自在之物本身的这些存在者:那么对这些存在者的创造就是对自在之物本身的创造,因为一个创造的概念并不属于实存的感性表象方式,也不属于因果性,而只可能与本体发生关系。因此,如果我关于感性世界中的存在者说：它们是被创造出来的，那么我就在这点上把它们看作是本体了。所以，正如说上帝是诸现象的创造者，这是一个矛盾一样，说上帝作为创造者是感官世界中的、因而是作为现象的种种行动的原因，尽管他也是行动着的（作为本体的）存在者的存有的原因，这同样也是一个矛盾。如果现在有可能在无损于这些行动作为现象的机械作用的情况下主张有自由（只要我们承认时间中的存有是某种仅仅适用于现象而不适用于自在之物本身的东西），那么行动着的存在者就是被创造者这一点在这里就不会造成丝毫的改变，因为创造所涉及的是这些存在者的理知的实存，而不是它们的感知的实存，因而不能被看作诸现象的规定根据；但假如尘世存在者作为自在之物本身而在时间中实存，这里的结果就会完全不同了，因为实体的创造者就会同时又是在这个实体身上的全部机械装置的发动者了。

　　在纯粹思辨理性批判中所做到的使时间（以及空间）与自在之物本身实存的这种分离，就具有如此大的重要意义。

　　但人们会说，在这里所提出的对困难的解决毕竟在自身中还有许多难处，是几乎无法得到清晰的描述的。不过，人们所尝试过或可能尝试的任何其他解决就更容易和更可理解吗？我们宁可说，形而上学的独断论导师们通过他们对这一难点尽可能视而不见，并希望如果他们闭口不谈它，也许就不会有任何人轻易想到它，所证明的将与其说是诚实，不如说是狡猾。如果一门科学要得到帮助，那么所有的困难都必须被揭示出来，甚至必须使那些还在暗中阻碍科学的困难都被搜寻出来；因为每种困难都在召唤一种补救手段，而这种手段是不可能在被找到时不使科学获得一种不论是范围上还是确定性上的增长的,所以就凭这一点甚至这些障碍都成为了科学彻底性的促进手段。反之,如果故意把这些困难掩盖起来,或只是用止痛剂去化解,那么这些困难迟早会爆发为无可挽回的灾祸,这些灾祸将使科学毁于一种彻底的怀疑论。

————————

　　既然在纯粹思辨理性的一切理念中,唯一在超感性东西的领域里、即使只是对实践的知识而言取得了如此巨大扩展的概念,真正说来就是自由概念,所以我就问自己:究竟是从何处唯独这个概念获得了如此巨大的多产性,而其他那些概念虽然表示着对一个纯粹的可能的知性存在者虚位以待,但却不能对这些知性存在者的概念作任何规定。我马上就领会到,既然我离开范畴就不可能思维任何东西,所以在我所探讨的自由这个理性理念中也必须首先寻找范畴,这范畴在这里就是因果性范畴,而且,即使自由的理性概念作为一个夸大其辞的概念不可能配备有任何相应的直观,但为了自己的综合而向自由理念要求无条件者的那个知性概念(因果性概念),却必须事先被给予一个感性直观,以便首先得到客观实在性的保证。于是一切范畴都分为两级,即单纯针对客体表象中的综合统一的数学性的范畴,和针对客体之实存的表象中的综合统一的力学性的范畴。第一级范畴(量和质的范畴)任何时候都包含有同质的东西的一个综合,在这种综合中,对于在感性直观里所给予的有条件者是根本不可能在空间和时间中找到无条件者的,因为这个无条件者本身又必将属于空间和时间、因而又必须是有条件的；因此甚至在纯粹理论理性的辩证论中，为种种条件找到无条件者和条件总体的两种相互对立的方式都是错误的。第二级范畴（一物之因果性和必然性的范畴）则完全不要求这种同质性（即有条件者和条件在综合中的同质性），因为在这里应当被设想的不是直观如何由其中的杂多复合起来，而只是那个与直观相应的有条件的对象的实存如何（在知性中作为与之相联结的）添加到条件的实存上去；于是就允许为感官世界中那些通通有条件的东西（不论是在因果性方面还是在物本身的偶然存有方面）设立理知世界中的、虽然在其他方面并不确定的无条件者，并使这种综合成为超验的；因此，在纯粹思辨理性的辩证论中也就出现了这种情况，即两个表面上相互对立的、为有条件者找到无条件者的方式，例如在对因果性的综合中为感官世界的原因和结果序列中的有条件者来设想出不再具有感性条件的因果性的方式，实际上并不是相互矛盾的，而同一个行动，作为属于感官世界的行动，任何时候都是以感性为条件的、也就是机械必然的，但同时也作为属于行动着的存在者之原因性的行动，就这存在者属于理知世界而言，有一个感性上无条件的原因性作根据，因而能够被思考为自由的。现在问题只在于要使这个能够(Können)变成是(Sein)，即我们要能在一个现实的场合下仿佛通过一个事实来证明，某些行动不论它们现在是现实的还是仅仅被要求的、即客观实践上必要的，都是以这样一种原因性（智性的、在感性上无条件的原因性）为前提的。我们不可能指望在那些通过经验现实地给予出来的、作为感官世界事件的行动中找到这种联结，因为出于自由的原因性总是必须在感官世界之外到理知的东西中去寻求。但除了感官之物以外别的东西却并没有提供给我们的知觉和观察。所以剩下的就无非是，或许会发现一条不矛盾的、更确切说是客观的因果性原理，它从自己的规定中排除一切感性的条件，也就是说，在这样一条原理中，理性不再去引用别的东西作为因果性方面的规定根据，而是本身已经通过这条原理包含了这个规定根据，所以这时它作为纯粹理性本身就是实践的。但这条原理不需要作任何寻求和发明；它早就存在于一切人的理性中且被吸纳进他们的本质，它就是德性的原理。所以那个无条件的原因性及其能力，即自由，但连同自由还有某个属于感官世界的存在者（我本人），毕竟同时又不只是不确定地和悬拟地被思考为属于理知世界的（这一点思辨理性就已经能够查明是可以做到的了），而是甚至就自由的原因性法则而言也被确定地和实然地认识到了，这样，这个理知世界的现实性、确切地说是在实践的考虑中的现实性就被确定地提供给我们了，而这种确定性在理论的意图中将会是超验的（夸大其辞的），在实践的意图中则是内在的。但我们在第二个力学性的理念方面、即在一个必然存在者的理念上却不能够采取同样的步骤。我们不可能不借助于第一个力学性的理念就从感官世界出发上达这个必然存在者。因为假如我们愿意试一试，我们将必须作一个大胆的跳跃，离开一切被给予我们的东西而飞抵那甚至丝毫没有被给予我们的东西之上，借此我们才有可能促成这样一个理知的存在者与感官世界的联结（因为这个必然的存在者应当被认为是在我们之外被给予的）；相反，这种情况在我们自己的主体上，就其一方面通过道德律（由于自由而）把自己规定为理知的存在者、另方面认为自己是按照这一规定在感官世界中如同现在亲眼看到的那样活动的而言，倒是完全可能的。唯有自由的概念允许我们可以不超出我们之外去为有条件的东西和感性的东西发现无条件的和理知的东西。因为正是我们的理性自身，通过最高的、无条件的实践法则和意识到这条法则的那个存在者（即我们自己的人格）而认识到自己是属于纯粹知性世界的，更确切地说，是认识到自己带有这个存在者本身能够得以活动的那种方式的使命的。这样就可以理解，为什么在全部理性能力中只有实践的能力才可能是帮助我们超出感官世界并使我们获得有关一个超感性的秩序和联结的知识的，但也正因为如此这些知识当然就只能够在对于纯粹实践的意图所必须的那个范围之内扩展。

请允许我借此机会再提醒大家注意一点，就是我们凭借纯粹理性所迈出的每一步，哪怕是在我们根本不考虑微妙思辨的那个实践领域内，却仍然是如此精确地、而且是自动地与理论理性批判的一切契机相衔接的，就好像每一步都以深思熟虑的谨慎仅仅是为了获得这样的认可而想好了的一样。实践理性的这些最重要的命题与思辨理性批判的那些看起来似乎是微妙的和不必要的说明之间的这样一种不以任何方式被寻求、而是（如同人们只要愿意把道德研究推进到它们的原则就能够自己确信的那样）自动出现的精确印证，是令人惊讶和使人奇怪的，而且加强了那条已由别的人所认识到并赞扬过的准则，即在每一种科学研究中都要以一切可能的精密性和开放性不受干扰地继续自己的进程，而不把这种研究在自己的领域之外有可能违背的东西放在心上，而是尽可能独立自主地将这种研究真实完备地加以完成。多次的观察使我确信,如果我们完成了这件工作,那在这件工作的半途中在我之外的其他学说看来有时似乎是很可疑的东西,只要我把这种疑虑直到事情得到完成之前都置之不顾并专心于我的工作,最终就会以出人意料的方式而与那种丝毫不考虑那些学说、也没有对它们的偏袒和偏爱而自发产生出来的东西完全吻合。作者们只要能够下决心以更多一些的开诚布公来进行工作,他们就会避免好些错误,节省好些徒劳的辛苦了(因为这些辛苦是花费在假象上的)。

第二卷　纯粹实践理性的辩证论

第一章　纯粹实践理性的一般辩证论

纯粹理性总是有它的辩证论的,不管我们是在它的思辨运用中还是在它的实践运用中考察它;因为它向一个给予的有条件者要求那绝对的条件总体,而这个总体只有在自在之物本身中才能找到。但由于一切事物概念都必须与直观相关,而直观在我们人类这里永远只能是感性的,因而只让对象不作为自在之物本身、而仅仅作为现象得到认识,在这些现象的有条件者和那个条件系列中是永远不可能遇到无条件者的,所以,从条件总体(因而无条件者)这一理性理念在现象上的应用中就产生出一个不可避免的幻相,似乎这些现象就是自在的事物本身(因为在缺乏一个警戒性的批判时它们总是被认为是这样的),但如果这个幻相不是在理性把它的那个为一切有条件者预设无条件者的原理应用到现象上去时,通过理性的自相冲突而自己暴露出来,它是永远不会被发觉其欺骗性的。但理性由此就被迫去追踪这个幻相,它是从何处产生的,以及如何能消除它,而这只有通过对整个纯粹的理性能力作一个彻底的批判才能做到;所以纯粹理性在其辩证论中所显示出来的二律背反,事实上是人类理性历来所可能陷入过的最有好处的迷误,因为它最终推动我们去寻求走出这一迷宫的线索,这个线索如果被找到,还会揭示那我们未曾寻求却毕竟需要的东西,即对事物的一种更高的、不变的秩序的展望,我们现在已经处在这种秩序中,并且我们从现在起就可以由确定的规范指导着,按照最高的理性规定在这个秩序中去继续我们的生活。

在纯粹理性的思辨的运用中,那种自然的辩证论应如何来解决,以及应如何防止来自某个多余的自然幻相的错误,我们可以在那种能力的批判中得悉详情。但理性在其实践运用中的情况也是半斤八两。它作为纯粹实践的理性,同样要为实践上的有条件者(基于爱好和自然需要之上的东西)寻求无条件者,而且不是作为意志的规定根据,而是即使在这个规定根据(在道德律中)已被给予时,以**至善**的名义去寻求纯粹实践理性之对象的无条件的总体。

把这个理念在实践上、也就是为了我们的合乎理性的行为准则来加以充分的规定,这就是智慧学,而当智慧学又作为科学时就是古人所理解的这个词的含义上的哲学,在他们那里,哲学曾是对至善必须由以建立的那个概念及至善必须借以获得的那个行为的指示。假如我们让这个词保留其古代的作为一门至善之学的含义,那就好了,只要理性在其中努力使至善成为科学。因为一方面,这个附带的限制条件将会适合于希腊的这一术语(它意味着爱智慧),但同时却又足以把爱科学、因而爱一切理性的思辨知识,就其既在概念上又在实践的规定根据上有助于理性而言,一同包括在哲学的名义之下,却又不会让唯一能因之而被称为智慧学的那个主要目的逃出自己的视线。另一方面,对于那胆敢以哲学家头衔自命的人,一旦我们通过定义把那个将使他的资格大受贬损的自我评估的尺度摆在他面前,就会吓退他的自大,而这也不坏;因为做一名智慧的导师,比起一名还一直没有进到足以用对一个如此高尚的目的的有把握的期待来指导自己、更不用说指导别人的学生来,确实要意味着更多的东西;那将意味着一位知晓智慧的大师,它所表示的将超过一个谦虚的人会对自己期许的,而哲学将正如智慧本身那样,仍然还会是一个理想,这理想在客观上只是在理性中才完全被表现出来,但主观上对个人来说却只是他不停努力的目标,而且只有那能够在自己个人身上把这种努力的不容置疑的作用(就他对自己的克制和他对普遍的善首先抱有的无可怀疑的兴趣来看)作为榜样树立起来的人,才有资格宣称以自命为哲学家的名义达到了这个目标,这也是古人为了能够配得上这个尊称所要求的。

就纯粹实践理性的辩证论而言,在对至善概念进行规定这一点上(这种规定,当纯粹实践理性的辩证论得到解决时,就正如理论理性的辩证论一样,让人期待最有好处的结果,因为坦率地展开而不是隐瞒纯粹实践理性的自相矛盾,就会迫使它对自己的能力进行彻底的批判),我们只需再作出一个预先的提醒。

道德律是纯粹意志的唯一的规定根据。但由于这一法则只是形式上的(也就是只要求准则的形式是普遍立法的),所以它作为规定根据就抽掉了一切质料,因而抽掉了一切意愿客体。因而尽管至善是一个纯粹实践理性、亦即一个纯粹意志的全部对象,但它却并不因此就能被视为纯粹意志的规定根据,而唯有道德律才必须被看作是使那个至善及其促成或促进成为意志自身的客

体的根据。这一提醒在一个像对德性原则作规定这样一种微妙
的场合下是有重要意义的,在此即使最小的误解都会歪曲意向。　127
因为我们将从分析论中看出,如果我们在道德律之前把任何一个
客体以某种善的名义假定为意志的规定根据,然后又从它引出至
上的实践原则,那么这种原则任何时候都会带来他律并排斥道德
原则。

　　但不言而喻的是,如果道德律作为至上条件也已经被包括在
至善概念中了,那么就不仅仅至善是客体,而且就连它的概念及
它的通过我们的实践理性而可能的实存的表象,也同时会是纯粹
意志的规定根据了:因为这样一来,事实上是在这个概念中已经
包含着并同时被想到的道德律,而不是别的对象,在按照自律的
原则规定着意志。有关意志规定的诸概念的这种秩序应该受到
密切的注意:因为否则我们就会对自己产生误解,以为自己在自
相矛盾,其实一切都处于最完满的相互和谐之中。

第二章 纯粹理性在规定至善概念时的辩证论

　　至高这个概念已经包含有一种歧义,这种歧义如果我们不加重视就会引起不必要的争执。至高的东西可以意味着至上的东西(supremum①),也可以意味着完满的东西(consummatum②)。前者是这样一种本身无条件的、亦即不从属于任何别的条件的条件(originarium③);后者是一个整体,它绝不是某个同类型的更大整体的部分(perfectissimum④)。德行(作为配得幸福的资格)是一切只要在我们看来可能值得期望的东西的、因而也是我们一切谋求幸福的努力的至上条件,因而是至上的善,这一点在分析论中已证明过了。但因此它就还不是作为有限的理性存在者的欲求能力之对象的全部而完满的善;因为要成为这样一种善,还要求有幸福,而且这不仅是就使自己成为目的的人格的那些偏颇之见而言,甚至也是就把世上一般人格视为目的本身的某种无偏见的理性的判断而言的。因为需要幸福,也配得上幸福,但却没有分享幸福,这是与一个有理性的同时拥有一切强制力的存在者——哪怕我们只是为了试验设想一下这样一个存在者——的

128

---

① 拉丁文:最高的、极限的。——译者
② 拉丁文:完成了的。——译者
③ 拉丁文:原生的。——译者
④ 拉丁文:完备无缺。——译者

完善意愿根本不能共存的。既然德行和幸福一起构成一人格对至善的占有，但与此同时，幸福在完全精确地按照与德性的比例（作为人格的价值及其配享幸福的资格）来分配时，也构成一个可能世界的至善：那么这种至善就意味着整体，意味着完满的善，然而德行在其中始终作为条件而是至上的善，因为它不再具有超越于自己之上的任何条件，而幸福始终是这种东西，它虽然使占有它的人感到快适，但却并不单独就是绝对善的和从一切方面考虑都是善的，而是任何时候都以道德的合乎法则的行为作为前提条件的。

在一个概念中必然结合的两个规定必须作为根据和后果而联结在一起，就是说要么这样，即这个统一体被看作分析的（逻辑的联结），要么它就被看作综合的（实在的结合），前者是按照同一律来看的，后者是按照因果律来看的。所以，德行和幸福的联结要么可以这样来理解：努力成为有德性的及有理性地去谋求幸福，这并不是两个不同的行动，而是两个完全同一的行动，因为前一个行动不需要任何别的准则作根据，只需要后一个行动的准则作根据；要么，那种联结就被置于这种关系中，即德行把幸福当做某种与德行意识不同的东西产生出来，就像原因产生出结果那样。

在古希腊各学派中，真正说来只有两个学派，是在规定至善的概念时，虽然就它们不让德行和幸福被看作至善的两个不同要素、因而是按照同一律寻求原则的统一性而言，遵循着同样的方法的，但在它们从两者之中对基本概念作不同的选择上却又是互相分歧的。伊壁鸠鲁派说：意识到自己的导致幸福的准则，这就 129

是德行;斯多亚派说:意识到自己的德行,就是幸福。对于前者来说,明智和德性是一样的;后者给德行挑选了一个更高级的名称,对于这派来说唯有德性才是真正的智慧。

我们不能不遗憾的是,这些人(我们同时却也不由得惊叹他们在如此早的时代就已经尝试过了哲学征服的一切想得出来的方式)的敏锐目光不幸被用于在两个极端不同性质的概念、即幸福概念和德行概念之间挖空心思地想出同一性来。不过这是与他们那个时代的辩证精神相适合的,这种精神甚至现在有时也在诱使那些精敏的头脑,通过力图把那些原则中的本质性的和永远无法一致的区别转化为词句之争,并这样在表面上装得有概念的统一性而只是名称不同,来取消它们的这些区别,而这通常发生在这样的场合,在这里不同性质的根据的结合是如此高深,或者是要求那些往常在哲学体系中被假定的学说有一个如此彻底的改变,以至于人们对于深入到那实在的区别感到畏惧,而宁可把这种区别当做仅仅是在表达形式上的不一致来看待。

当这两个学派都力图挖空心思地想出德行和幸福这两个实践原则的等同性时,他们并没有因此就他们想如何硬提出这种同一性而相互达成一致,而是相互有无限大的分歧,因为一派把自己的原则建立在感性的方面,另一派则把它建立于逻辑方面,前者把自己的原则置于感性需要的意识中,后者则把它置于实践理性对一切感性的规定根据的独立性中。按照伊壁鸠鲁派,德行的概念已经包含在促进自身的幸福这一准则中了;反之,按照斯多亚派,幸福的情感已经包含在人的德行的意识中了。但是,凡是被包含在另一个概念中的东西,虽然与包含者的一个部分是相等的,却并不与那个整体相等,此外,两个整体虽然由同一种材料构成,但若因为在两者中的那些部分被结合为一个整体的方式是完全不同的,则它们也可以在种类上相互区别开来。斯多亚派主张,德行就是整个至善,幸福只不过是对拥有德行的意识,属于主观的状态。伊壁鸠鲁派主张,幸福就是整个至善,而德行只不过是谋求幸福这一准则的形式,就是说,在于合理地运用手段去达到幸福。

但现在,从分析论中表明,德行的准则和自身幸福的准则在它们的至上实践原则方面是完全不同性质的,而且尽管它们都属于一个至善以便使至善成为可能,但它们是远非一致的,在同一个主体中极力相互限制、相互拆台。所以这个问题:至善在实践上如何可能? 不论迄今已作了怎样多的联合尝试,还仍然是一个未解决的课题。但使它成为一个难以解决的课题的东西已经在分析论中提出来了,这就是,幸福和德性是至善的两个在种类上完全不同的要素,所以它们的结合不是分析地能看得出来的(例如说那个这样寻求着自己幸福的人在他的这个行为中通过对其概念的单纯分解就会发现自己是有德的,或者一个如此遵循德行的人在一个这样行为的意识中就已经会 ipso facto① 感到自己是幸福的了),而是这两个概念的某种综合。但由于这种结合被认为是先天的,因而是实践上必然的,从而就被认识到不是由经验推出来的,而至善的可能性也就不是基于任何经验性的原则的,于是这个概念的演绎就必须是先验的。通过意志自由产生出至

---

① 拉丁文:根据行为本身。——译者

善,这是先天地(在道德上)必然的;所以至善的可能性的条件也必须仅仅建立在先天的知识根据之上。

131

Ⅰ. 实践理性的二律背反

在对我们是实践性的、亦即必须通过我们的意志使之实现的至善中,德行和幸福将被设想为必然结合着的,以至于一方若没有另一方也归属于它就不能被纯粹实践理性所采纳。现在,这种结合(正如任何一般结合一样)要么是分析的,要么是综合的。但既然现在给予的结合不可能是分析的,如刚才已预先指出的那样,所以它必须被综合地设想,也就是被设想为原因和结果的联结:因为它涉及到一种实践的善,亦即通过行动而可能的东西。所以,要么对幸福的欲求必须是德行的准则的动因,要么德行准则必须是对幸福的起作用的原因。前者是绝对不可能的:因为(正如在分析论中已证明的)把意志的规定根据置于对人的幸福的追求中的那些准则根本不是道德的,也不能建立起任何德行。但后者也是不可能的,因为在现世中作为意志规定的后果,原因和结果的一切实践的联结都不是取决于意志的道德意向,而是取决于对自然规律的知识和将这种知识用于自己的意图的身体上的能力,因而不可能指望在现世通过严格遵守道德律而对幸福和德行有任何必然的和足以达到至善的联结。既然至善在其概念中包含着这一联结,而对至善的促进是我们意志的一个先天必然的主题,且是与道德律不可分地关联着的,那么前者的不可能也就必然证明了后者的谬误。所以如果至善按照实践规则是不可能的,那么甚至命令人促进至善的那条道德律也必定是置于幻想中及某种空虚杜撰的目的上的,因而本身就是虚假的。

132

Ⅱ. 对实践理性的二律背反的批判的消除

在纯粹思辨理性的二律背反中,在世界上事件的因果性里自然必然性和自由之间发生了一个相似的冲突。这个冲突由于已证明,当我们(正如我们应当做的那样)把事件和事件在其中发生的那个世界都只看作现象时就不会有任何真正的冲突,就被消除了:因为同一个行动着的存在者作为现象(甚至在他自己的内感官面前)具有一种感官世界中的、任何时候都是符合自然机械作用的因果性,但就同一个事件而言,只要行动着的人格同时又把自己看作本体(作为在其不能按照时间来规定的存有中的纯粹理智),就可能包含有那个按照自然规律的因果性的规定根据,这根据本身是摆脱了一切自然规律的。

目前这个纯粹实践理性的二律背反也正是这样一种情况。这两个命题中的第一个命题,即对幸福的追求产生出德行意向的某种根据,是绝对错误的;但第二个命题,即德行意向必然产生出幸福,则不是绝对地错,而只是就德行意向被看作感官世界中的因果性形式而言,因而是当我把感官世界中的存有当做有理性存在者实存的唯一方式时,才是错误的,因此只是有条件地错误的。但由于我不仅仅有权把我的存有也设想为一个知性世界中的本体,而且甚至在道德律上对我(在感官世界中)的原因性有一种纯粹智性的规定根据,所以意向的德性作为原因,与作为感官世界中的结果的幸福拥有一种即使不是直接的、但却是间接的(借助于一个理知的自然创造者)也就是必然的关联,这并非是不可能的,这种结合在一个仅仅是感官客体的自然中永远只能偶然地发生,而不能达到至善。

133   所以,尽管实践理性与自身有这种表面的冲突,至善仍是一个被从道德上规定的意志的必然的最高目的,是实践理性的真正客体;因为它在实践上是可能的,而按其质料与此相关的那些意志准则都具有客观实在性,这种实在性最初由于在德性与幸福按照一条普遍法则结合时的二律背反而受到冲击①,但这只是出于误解,因为人们把现象之间的关系看作了自在之物本身与这些现象的关系。

如果我们看到自己不得不在这么远的距离中、即在与某个理知世界的联结中,去寻找至善这种由理性为一切有理性的存在者的一切道德愿望所标定的目标的可能性,那么必然会感到奇怪的是,古代和近代的哲学家们竟能在此生中(在感官世界中)就已经感到了与德行有完全相当比例的幸福,或是能说服人去意识到这种幸福。因为不论是伊壁鸠鲁还是斯多亚派都曾把从生活中的德行意识里产生的幸福提升到一切东西之上,前者在其实践的规

---

①   此句据维勒应改为:"这种实在性最初由于在德性与幸福按照一条普遍法则结合时所遇到的二律背反而处于危险之中"。——德文编者

范中并不那么思想卑鄙,就像人们有可能从他的理论的那些为了说明、而不是为了行动的原则中所推论出来的那样,或者像许多人以淫乐一词偷换满足一词来阐释这一理论时那样,相反,他把最不自私的行善也算在最发自内心的快活的享乐方式之列,并且如同哪怕最严格的道德哲学家所可能要求的那种知足和对爱好的节制,也都应属于他对快乐(他把这理解为持久喜悦的心情)的计划之列;在这方面他与斯多亚派的突出的分歧仅仅在于,他把动因建立在这种快乐里面,而斯多亚派则拒绝、而且有权拒绝这样做。因为一方面,有德行的伊壁鸠鲁,正如现在还有许多在道德上有良好意向、虽然对自己的原则并没有充分深思熟虑的人士那样,犯了在他最初想要为之指示德行动机的那些人格身上预先假定德行意向的错误(事实上正直的人如果不是事先意识到自己的正直的话,是不可能感到幸福的:因为由于德性意向,他在违禁的行为中将被他自己的思维方式逼迫着对自己作出责备和道德上的自我谴责,这就会剥夺他对本来可能包含在他的状态中的快意的一切享受了)。但问题在于:评估自己的生活价值的这样一种意向和思维方式最初是通过什么而成为可能的,因为在此之前主体中还根本找不到对一般道德价值的任何情感? 当然,如果一个人是有德行的,他不在自己的每个行动中意识到自己的正直就不会对生活感到快活,哪怕他身体状态的幸运对他是多么的有利;但是,为了首先使他成为有德行的,因而还在他对自己生存的道德价值作这样高的评估之前,我们此时怎好向他夸赞出自对某种正直的意识而他对之却没有任何感觉的心灵的平静?

　　但另一方面,在这里总是有某种错误的欺骗行为(vitium

subreptions①)的根据,仿佛是某种关于我们所做出的事——不同于我们所感到的事——的自我意识中的视幻觉的根据,这种视幻觉哪怕是最饱经考验的人也都不能完全避免的。道德意向是和直接通过法则规定意志的意识必然结合着的。现在,对欲求能力进行规定的意识总是对由此产生出来的行动感到愉悦的根据;但这种愉快,这种对自己本身的愉悦,并不是行动的规定根据,相反,直接地、只通过理性而对意志的规定才是愉快情感的根据,而那种规定仍然是一种对欲求能力的纯粹实践的、而非感性的规定。既然这种规定在内心对于活动的驱动,起了如同一个从所欲求的行动中被期待的快意情感将会起的恰好一样的作用,所以我们很容易把我们自己所做出的事看作只是我们被动地所感到的事,而把道德的动机当做是感性的驱动,正如这在所谓感官的(这里是在内感官的)错觉中通常总在发生的那样。人类本性中的某种非常崇高的东西,是直接被某种纯粹理性法则规定着去行动,甚至是这种错觉,即把意志可以智性地规定这种性质的主观性看作某种感性的东西和某种特殊感官的情感(因为一种智性的情感将会是一个矛盾)的作用。使人注意到我们人格性的这一属性并尽可能地培养理性对这种情感的作用,这也是具有重要意义的。但我们也必须提防通过我们把特殊的快活的情感放在这种作为动机的道德规定根据底下作基础(它们毕竟只是后果),而对这种规定根据做出不真实的过高估价,这样使得那真正的真实动机即法则本身仿佛是被一种虚假的衬托而贬低和变得面目全非了。

---

① 拉丁文:偷换的错误。——译者

所以，敬重、而不是快乐或对幸福的享受，才是某种对它来说不可能有任何先行的给理性提供根据的情感的东西（因为这种情感永远都会是感性的和病理学上的），它作为①通过法则对意志直接强迫的意识，与愉快的情感几乎没有类比性，因为这种意识在与欲求能力的关系中恰好造成同样的东西，但却是出自另外的来源；但我们唯有通过这种表象方式才能达到我们所寻求的东西，即行动不仅仅是合乎义务（依照快适情感）地发生，而且是出自义务而发生的，这必须是一切道德教养的真正目的。

但我们是否就没有一个词，它不像幸福一词那样表示着一种享受，但却指明了一种对我们实存的愉悦，一种与必然会伴随着德行意识的幸福的类比？有！这个词就是自我满足，它在自己本来的含义上永远只是暗示着对我们实存的一种消极的愉悦，在其中我们意识到自己一无所求。自由和对自由作为一种以压倒性的意向遵守道德律的能力的意识，就是对于爱好的独立性，至少是对于作为我们的欲求之规定性的（即使不是作为刺激性的）动因的那些爱好的独立性，并且，就我遵守自己的道德准则时意识到这独立性而言，它就是某种必然与之结合在一起的、不是基于任何特殊情感的、恒久不变的满足的唯一根源，而这种满足可以称之为智性的满足。那基于对爱好的满意之上的审美的（不是在本来意义上这样称呼②的）满足，不论它被苦心琢磨得多么细致，也永远不能适合于我们对此所思考的东西。因为爱好是变易的，

136

----

① 那托尔普建议将"它作为"（als）改为"所以"（also），哈滕斯泰因和克尔巴赫（Kehrbach）则认为应作"并且"（und）。——德文编者

② 康德这里用的是 ästhetisch，其希腊文原意为"感性的"，这里引申为"审美的"。——译者

是随着我们让其受到的宠幸而增长的,并且永远还留下一个比我们已想到去填满的要更大的壑洞。因此这些爱好对于一个有理性的存在者永远是一种累赘,而且即使他没有能力摆脱它们,它们却迫使他希望从它们解脱出来。甚至对合乎义务的事(例如对慈善行为)的爱好,虽然能使道德准则更容易起作用,但并不产生任何这种作用。因为在道德准则中一切都必须着眼于作为规定根据的法则表象,如果行动所包含的不应当只是合法性,而且也是道德性的话。爱好是盲目的和奴性的,不论它是否具有好的性质,而理性当事情取决于德性时不仅必须扮演爱好的监护人,而且必须不考虑爱好而作为纯粹实践理性完全只操心它自己的利益[兴趣]。甚至同情的情感和贴心关怀的情感,如果先行于考虑什么是义务而成为规定根据的话,对于善于思维的人来说本身也是累赘,将把他们经过思虑的准则带入混乱,并引发要从中解脱出来而只服从立法的理性的愿望。

由此可以理解:对一个纯粹实践理性的这种能力的意识如何能够通过行动(德行)而产生出战胜自己的爱好的意识,同时也就产生出独立于这些爱好、因而也独立于总是伴随这些爱好的不满137　足的意识,这样就产生了对自己的状态的一种消极的愉悦,即满足,它在其根源上就是对自己人格的满足。自由本身以这样一种方式(亦即间接地)就可以是一种享受,这种享受不能称之为幸福,因为它不依赖于某种情感的积极参加,严格说来也不能称之为永福,因为它并不包含对爱好和需要的完全的独立性,但它毕竟和永福是近似的,因为至少它的意志规定可以免于这些爱好和需要的影响,因而至少按照其起源来说是与我们只能赋予最高存在者的那种自足相类似的。

由实践的纯粹理性的二律背反的这种解决中得出的是,在实践原理中,在德性意识和对于作为德性的后果并与之比例相当的幸福的期望之间,一种自然的和必然的结合至少是可以设想为可能的(但当然还并不因此就是认识和洞见到的);相反,谋求幸福的原理要产生出德性是不可能的;因此,那至上的善(作为至善的第一个条件)构成德性,反之幸福则虽然构成至善的第二个要素,但却是这样构成的,即它只是前者的那个以道德为条件的、但毕竟是必然的后果。只有在这种隶属关系中至善才是纯粹实践理性的全部客体,纯粹实践理性必须把至善必然地表象为可能的,因为尽一切可能促使至善的产生是它的一条命令。但由于有条件者与其条件的这样一种结合的可能性完全属于事物的超感官的关系,并且按照感官世界的法则是根本不能被给予的,哪怕这个理念的后果、也就是以实现至善为目的的行动是属于感官世界的;所以我们将试图对于那个可能性的诸根据,首先就直接受我们支配的东西而言,其次通过理性为了弥补我们在至善的可能性上的无能而(按照实践原则必然)呈示给我们的、不受我们支配的东西,来加以描述。

Ⅲ. 纯粹实践理性在其与思辨 理性结合时的优先地位

对于在两个或多个由理性结合起来的事物之间的优先地位,

我理解为其中之一是与所有其他事物相结合的最初规定根据这种优先权。在狭义的、实践的意义上,这意味着其中之一的兴趣在其他事物的兴趣都服从于它(这种兴趣决不能置于其他兴趣之后)的场合下所具有的优先权。对每一种内心能力我们都可以赋予一种兴趣,亦即一条原则,它包含着唯有在其之下这能力的实施才得到促进的条件。理性作为原则的能力,规定着一切内心能力的兴趣,但它自己的兴趣却是自我规定的。它的思辨运用的兴趣在于认识客体,直到那些最高的先天原则,而实践运用的兴趣则在于就最后的完整的目的而言规定意志。一般理性运用的可能性所要求的是,理性的各个原则和主张不可相互矛盾,这并不构成理性的兴趣的任何部分,而是拥有理性的一般条件;只有理性的扩展,而不仅仅是与自身相一致,才被算做理性的兴趣。

如果实践理性除了思辨理性单独从自己的见地出发所能呈献给它的东西之外,不再能假定任何东西并把它思考为被给予的,那么思辨理性就领有优先地位。但假设实践理性自身拥有本源的先天原则,与这些原则不可分割地结合着的是某些理论性的肯定,而这些肯定却仍然是思辨理性的任何可能的见地所见不到的(虽然它们也必定不是与思辨理性相矛盾的),那么问题是,何种兴趣将是至上的兴趣(而不是:何种兴趣必须退出,因为一种兴趣并不必然地与另一种兴趣相矛盾):对于实践理性交给它去采纳的东西一无所知的思辨理性是否必须接受这些命题,并且即使这些命题在思辨理性看来是过甚其辞的,它也不得不力图把它们作为一笔外来的转移给它的财产与自己的概念一致起来,或者,思辨理性是否有权顽固地恪守它自己特有的兴趣,并按照伊壁鸠鲁的理则学(Kanonik),把一切不能由明显可见的、可在经验中提出的例证来认可其客观实在性的东西,都作为空洞的玄想而加以拒绝,哪怕这些东西还是与实践的(纯粹的)运用紧密交织在一起的,本身也和理论的运用并不矛盾,仅仅是因为它们在取消思辨理性为自己建立起来的界限并使理性听任想象力的一切胡闹与疯癫的限度内,现实地损害了思辨理性的兴趣。

　　实际上,只要实践理性是作为以病理学上的东西为条件的,亦即作为只是在幸福的感性原则之下管理①对各种爱好的兴趣的,而被建立为基础,那么就根本不能对思辨理性作这种苛求。穆罕默德的天国,或是神智学家和神秘主义者的与神性融合为一,如同每个人兴之所至那样,都会把他们的大而无当强加于理性,而完全没有理性就会和把理性以这种方式委诸一切梦幻是同样的情况了。不过,如果纯粹理性独自就可以是实践的,并且这种情况是现实的,如同道德律的意识所证明的那样,那么毕竟总是只有同一个理性,不论是出于理论的还是实践的意图,在按照先天原则作判断,而这就很明显,即使理性的能力在前一种意图中做不到肯定地确立某些命题,然而这些命题同样也并不与理性相矛盾,正是这些命题,只要它们不可分割地属于纯粹理性的实践兴趣,虽然是作为某种并非在纯粹理性基地上生长起来的外来的赠品,但毕竟是得到了充分认可的赠品,理性就同样必须采纳它们,必须力图把它们和理性作为思辨的理性所能支配的一切东

————————

① 维勒将"管理"(verwaltend)校作"对待"(verhaltend),菲林(Vering)则校作"统治"(vorwaltend)。——德文编者

140　西相比较、相联结;但却要满足于:这并非理性的洞见,但却是理
性的运用向某种别的意图、即向实践意图中的扩展,这与理性的
兴趣在于限制思辨的违禁是一点也不相悖的。

所以,在纯粹思辨理性与纯粹实践理性结合为一种知识时,
后者领有优先地位,因为前提是,这种结合绝不是偶然的和随
意的,而是先天地建立在理性本身之上的,因而是必然的。因
为,假如没有这种从属关系,理性与自身的一种冲突就会产生
出来:因为如果两者只是相互并列(并立),前者就会独自紧紧
地封锁住它的边界,而不从后者中接受任何东西到自己的领域
中来,后者却仍然会把自己的边界扩展到一切之上,并且在自
己需要的要求下就会力图把前者一起包括到自己的边界之内
来。但我们根本不能指望纯粹实践理性从属于思辨理性,因而
把这个秩序颠倒过来,因为一切兴趣最后都是实践的,而且甚
至思辨理性的兴趣也只是有条件的,唯有在实践的运用中才是
完整的。

Ⅳ. 灵魂不朽,作为纯粹实践
理性的一个悬设

至善在现世中的实现是一个可以通过道德律来规定的意志
的必然客体。但在这个意志中意向与道德律的完全适合却是至

善的至上条件。所以这种适合必须正如它的客体一样也是可能的,因为它被包括在必须促进这个客体的同一个命令之中。但意志与道德律的完全的适合就是神圣性,是任何在感官世界中的有理性的存在者在其存有的任何时刻都不能做到的某种完善性。然而由于它仍然是作为实践上的而被必然要求着,所以它只是在一个朝着那种完全的适合而进向无限的进程中才能找到,而按照纯粹实践理性的原则是有必要假定这样一个实践的进步作为我们意志的实在客体的。

141

　　但这个无限的进程只有在同一个有理性的存在者的某种无限持续下去的生存和人格性(我们将它称之为灵魂不朽)的前提之下才有可能。所以至善在实践上只有以灵魂不朽为前提才有可能,因而灵魂不朽当其与道德律不可分割地结合着时,就是纯粹实践理性的一个**悬设**(我把这理解为一种理论上的、但本身未经证明的命题,只要它不可分割地与某种无条件地先天有效的实践法则联系着)。

　　关于我们的本性只有在一个无限行进的进步中才能达到与德性法则完全相适合这一道德使命的命题,具有最大的用处,这不仅是考虑到目前对思辨理性的无能加以弥补,而且也是着眼于宗教。缺少这个命题,要么道德律就会完全不配有它的神圣性,因为人们把它矫饰成宽大无边的(宽纵的),以适合于我们的怡然自得,要么就把自己的天职、同时也把自己的期望绷紧到某种无法达到的规定,亦即绷紧到所希望的对意志的神圣性的完全获得,而迷失在狂热的、与自我认识完全相矛盾的神智学的梦呓之中,通过这两者,所阻碍的只是那种不停息的努力,即努力准确地和彻底地遵守一种严格而不宽纵的、但却也不是理想化的而是真实的理性命令。对于一个有理性的但却是有限的存在者来说,只有那从道德完善性的低级阶段到高级阶段的无限进程才是可能的。那不存在任何时间条件的无限者,则把这个对于我们是无限的序列看作与道德律相适合的整体,而为了在他给每个人规定至善的份额上与他的公正相称,他的命令所毫不含糊地要求的那种神圣性,则是在对这些有理性的存在者的此生的某种唯一的智性直观之中才能全部见到的。至于就这种份额的希望方面可以归于被造物的东西,那将是对他的这种经过考验的意向的意识,以便从他的迄今由比较恶劣到道德上较为改善的进步中,从他由此得知的不可改变的决心中,希望这个进步更加不断地继续下去,而不论他的生存能达到多么长久,甚至超出此生①,也就是永远不是在这里或在他此生任何可预见的将来某个时候,而只是在(唯有上帝才能一目了然的)他的延续的无限性中,与上帝的意志完全相符合(而无须与公正性不

①　当然,对自己的意向在向善的进步中不可改变抱有确信,看来对一个被造物独自来说也是不可能的。为此之故,基督教的宗教教义也仅仅让这种确信来自同一个圣灵,这圣灵产生出虔诚,也就是这种坚定的决心,及与此一道产生出对在道德进程中的始终不渝的意识。但是,一个意识到自己一生的一个很长时间直到生命结束都在向着更加善良,也就是出于纯正道德动因而持续进步的人,当然也很可以使自己产生这种即使并不确定的令人慰藉的希望,即他甚至在一个超出此生而继续下去的生存中也会坚持这些原理,并且尽管在他自己的眼中,他在这里是绝对没有根据的,也不可以凭未来所指望的他的自然完善性的增长,但与此伴随的也有他的义务的增长而有朝一日希望这一点,但他却仍然可以在这个进步中拥有一个永福的未来展望,这种进步虽然涉及到一个被推延至无限的目标,但毕竟对于上帝来说是被当做已具有的;因为永福这个词是理性用来表示一种不依赖于世上一切偶然原因的完整的福祉的,这正如神圣性一样是一个只能包含在无限的进程及其总体中的理念,因而被造物是永远不会完全达到的。——康德

合拍的宽容和姑息）。

Ⅴ. 上帝存有,作为纯粹实践
理性的一个悬设

在前面进行的分析中,道德律导致了一个没有任何感性动机的加入而只通过纯粹理性来颁布的实践任务,这就是导致至善的最先和最重要的部分即**德性**的必然完整性,并且由于这个任务只有在某种永恒中才能完全得到解决,就导致了对不朽的悬设。正是这条法则,也必定如同以前那样无私地只是出于不偏不倚的理性,而导致至善的第二个要素,即与那个德性相适合的**幸福**的可能性,这也就是在与这一结果相符合的某种原因的存有的前提下,亦即必定把上帝实存悬设为必然是属于至善(这一我们意志的客体是与纯粹理性的道德立法必然结合着的)的可能性的。我们要以使人信服的方式来描述这一关联。

　　幸福是现世中一个有理性的存在者的这种状态,对他来说在他的一生中一切都按照愿望和意志在发生,因而是基于自然与他的全部目的、同样也与他的意志的本质性的规定根据相一致之上的。现在,道德律作为一种自由的法则,是通过应当完全独立于自然、也独立于它与我们的(作为动机的)欲求能力的协调一致的那些规定根据来发布命令的;但现世中行动着的有理性的存在者

143

却并不同时又是这个世界和自然的原因。所以在道德律中没有丝毫的根据,来使一个作为部分而属于这个世界因而也依赖于这个世界的存在者的德性和与之成比例的幸福之间有必然的关联,这个存在者正因此而不能通过他的意志而成为这个自然的原因,也不能出于自己的力量使自然就涉及到他的幸福而言与他的实践原理完全相一致。然而在纯粹理性的这个实践任务中,即在对至善的必然探讨中,这样一种关联却被悬设为必然的:我们应当力图去促进至善(所以至善终归必须是可能的)。这样,甚至全部自然的一个与自然不同的原因的存有也就被悬设了,这个原因将
144 包含有这一关联,也就是幸福与德性之间精确一致的根据。但这个至上的原因不应当只是包含自然与有理性的存在者的某种意志法则协调一致的根据,而应当包含自然与这一法则就他们将它建立为自己意志的至上规定根据而言的表象协调一致的根据,因而不仅应当包含与形式上的道德风尚协调一致的根据,而且还应包含与作为有理性的存在者的动机的他们的德性、即与他们的道德意向协调一致的根据。所以至善在现世中只有在假定了一个拥有某种符合道德意向的原因性的至上的自然原因时才有可能。现在,一个具有按照法则的表象行动的能力的存在者是一个理智者(有理性的存在者),而按照法则的这种表象的这样一个存在者的原因性就是它的意志。所以,自然的至上原因,只要它必须被预设为至善,就是一个通过知性和意志而成为自然的原因(因而是自然的创造者)的存在者,也就是**上帝**。因此,最高的派生的善(最好的世界)的可能性的悬设同时就是某个最高的本源的善的现实性的悬设,亦即上帝实存的悬设。现在,我们的义务是促进

至善,因而不仅有权、而且也有与这个作为需要的义务结合着的必要,来把这个至善的可能性预设为前提,至善由于只有在上帝存有的条件下才会发生,它就把它的这个预设与义务不可分割地结合起来,即在道德上有必要假定上帝的存有。

这里必须多加注意的是,这种道德必要性是主观的,亦即是需要,而不是客观的,亦即本身不是义务;因为根本就不可能有假定某物实存的义务(因为这只是关系到理性的理论运用)。甚至这也不意味着,对上帝存有的假定是作为对任何一般的责任的根据的假定而必要的(因为这种根据正如已充分证明了的,只是建立在理性本身的自律上的)。在此属于义务的只是致力于造成和促进在现世中的至善,因而这种至善的可能性是可以悬设的,但我们的理性却发现这种可能性只能设想为以某种最高理智者为前提的,因而假定这个最高理智者的存有是与我们的义务的意识结合在一起的,尽管这种假定本身是属于理论理性的,不过,就理论理性而言,这种假定作为解释的根据来看可以称之为假设,但在与一个毕竟是由道德律提交给我们的客体(至善)的可理解性发生关系时,因而在与一种实践意图中的需要的可理解性发生关系时,就可以称之为信仰,而且是纯粹的理性信仰,因为只有纯粹理性(既按照其理论运用又按照其实践运用)才是这种信仰产生出来的源泉。

这样一来,从这个演绎中就理解到,为什么希腊的那些学派在解决他们有关至善的实践可能性的问题上永远也不可能成功了:因为他们总是只把人的意志运用自己的自由的那个规则当成这种可能性的唯一的和独自充分的理由,依他们看来为此并不需要上帝的存有。虽然他们在把德性的原则不依赖于这一悬设而从理性单单与意志的关系中独自确定下来,并因而使之成为至善的至上的实践条件方面是对的:但这并不因此就是至善的可能性的全部条件。于是,伊壁鸠鲁派虽然把一个完全错误的德性原则、即幸福原则假定为了至上的原则,并把按照每个人自己的爱好作随意选择的准则偷换为了一条法则:但在这里他们的行事倒还是充分前后一贯的,他们按照这样的比例,即按照他们原理的低下的比例而贬低了他们的至善,而且决不期望比通过人的明智(属于此列的也有对爱好的节制和调控)所能获取到的更大的幸福,这种幸福的结果,众所周知,必定是够贫乏的,并且必定是按照不同情况而极其不同的;这还不算他们的准则所不得不连连承认的例外,这些例外使这些准则不适合于用作法则。反之,斯多亚派完全正确地选择了他们的至上的实践原则,亦即德行作为至善的条件,但由于他们把德行的纯粹法则所需要的德行程度想象成可以在今生完全达到的,他们不仅把人的道德能力以某种哲人的名义张扬到超越于他的本性的一切局限的高度,并假定了某种与一切人类知识相矛盾的东西,而且尤其也根本没有想要让属于至善的第二个组成部分即幸福被看作人的欲求能力的一个特殊对象,而只是使他们的哲人如同一个神那样通过意识到自己人格的杰出性而完全独立于自然(在他的满足方面),因为他们虽然把哲人委之于恶劣的生活,但却不使他屈服于其下(同时也把他表现为摆脱了恶的),这样就把至善的第二个要素即自身幸福实际上省略掉了,因为他们把这要素仅仅建立于行动和对自己人格价值的满足中,并因而只将它包括在对道德思维方式的意识之中,但在其中,他们通过他们自己本性的声音本来是可以被充分驳倒的。

　　基督教的学说①,即使人们还没有把它作为宗教学说来考察,就在这一点上提供了一个至善的(上帝之国的)概念,只有这个概念才使实践理性的这种最严格的要求得到满足。道德律是神圣的(分毫不爽的),并要求德性的神圣性,虽然人所能够达到的一切道德完善性永远只是德行,即出于对法则的敬重的合乎法则的意向,因而是对于违禁、至少是不正派、亦即在遵守法则上混杂进许多不纯正的(非道德的)动因这样一种不断的偏好的意识,

---

　　①　人们通常认为基督教对德性的规范就其纯粹性而言并不在斯多亚派的道德概念之上;不过两者的区别仍然是十分明显的。斯多亚派的体系使刚毅精神的意识成为一切德性意向应当绕之旋转的枢纽,并且虽然这个体系的追随者也谈及义务,也对义务作了极好的规定,但他们毕竟把意志的动机和真正的规定根据建立在思维方式的提升中,即超越于低级的、只是通过精神脆弱来主宰的那些感性动机之上。这样,德行在他们那里就是超然于人类的动物本性之上的哲人的某种英雄主义,对于哲人自己,英雄主义就足够了,他虽然向别人讲义务,他自己却超然于义务之上,而决不屈服于违犯德性法则的诱惑。但对于这一切,他们假如以纯粹性和严格性来设想了德性法则,如同福音书的规范所做的那样,则是不可能做到的。如果我把一个理念理解为一种在经验中不能有任何东西与之相符合的完善性,那么道德理念并不因此就像思辨理性的理念那样是什么过甚其辞的东西,亦即并非那种我们甚至连它的概念也不能充分规定的东西,或是那种它是否任何地方会有某个对象与之相应都不确定的东西;相反,这些理念作为实践的完善性的范本,充当着德性行为的不可缺少的准绳,同时也充当着比较的尺度。现在,假如我对基督教道德从它的哲学方面来考察,那么它在与希腊各学派的理念相比较时就会这样显现出来:犬儒派、伊壁鸠鲁派、斯多亚派和基督教的理念分别就是:素朴、明智、智慧和神圣。至于达到它们的方式,希腊哲学家们是如此相互不同,即犬儒派觉得普通人类知性对此就足够了,另两派则认为只有科学的方式才行,因而这两者终归认为只要运用自然力量就足以做到这点。基督教道德由于它把自己的规范(如同也是必须的那样)设立得如此纯粹和不爽分毫,就剥夺了对人至少在此生中与这种规范完全符合的信任,但它毕竟又以下述方式把这种信任重新树立起来,即如果我们尽我们所能地行善,我们就可以希望凡是我们所不能做到的,将在另外的地方使我们受益,不论我们现在是否知道以何种方式。亚里士多德和柏拉图的区别只在我们的德性概念的起源方面。——康德

所以是一种与谦恭结合着的自重,因而在基督的法则所要求的神圣性方面,留给被造物的就只剩下无限的进步,也正因此,被造物有资格希望自己持续地进向无限。一个与道德律完全适合的意向的价值是无限的:因为一切可能的幸福在一个智慧的和万能的幸福分配者作出判分时没有任何别的限制,除了有理性的存在者缺乏与自己的义务的适合性之外。但单独的道德律却不预示任何的幸福;因为幸福按照一般自然秩序的概念是并不与对道德律的遵守结合在一起的。现在,基督教的德性论通过把有理性的存在者在其中全心全意地献身于德性法则的世界描述为一个上帝之国,而补足了这一(至善的第二个不可缺少的组成部分的)缺陷,在这个国度里,自然和德性通过一个使这种派生的至善成为可能的神圣的创造者,而进入到了对两者中的任何一个本身单独来说都是陌生的和谐之中。德性的神圣性已经被指定给他们当做此生中的准绳了,但与之成比例的福祉,即永福,却只是被表现为在永恒中才能达到的:因为前者在任何情况下都必须永远是他们行为的范本,而朝它前进在此生中已经是可能的和必要的了,但后者在现世中却是根本不可能以幸福的名义达到的(这取决于我们的能力),因此只能被当做希望的对象。尽管如此,基督教的道德原则本身毕竟不是神学的(因而不是他律),而是纯粹实践理性自身独立的自律,因为它使对上帝及其意志的知识不是成为道德律的根据,而是成为在遵守这些法则的条件下达到至善的根据,它甚至把遵守法则的真正动机不是置于遵守它们时的被指望的后果中,而是仅仅置于义务的表象中,同时,获得被指望的后果的资格也只在于对这种义务的忠实的遵循。

以这种方式,道德律就通过至善作为纯粹实践理性的客体和终极目的的概念而引向了宗教,亦即引向对一切义务作为上帝的命令的知识,这种命令不是强令,亦即不是一个陌生意志的任意的、单独来看本身是偶然的指令,而是每一个自由意志的自身独立的根本法则,但这些法则却必须被看作最高存在者的命令,因为我们只有从一个道德上完善的(神圣的和善意的)、同时也是全能的意志那里,才能希望至善,因而只有通过与这个意志协调一致才能希望达到至善,而道德律就使得把至善设立为我们努力的对象成了我们的义务。因此,即使在这里,一切都仍然是无私的,仅仅建立在义务之上的;不允许把作为动机的恐惧或希望当做基础,它们如果成为原则,就会取消行动的全部道德价值。道德律命令,要使一个世界中的可能的至善成为我的一切行为的最后的对象。但这个至善,除非通过我的意志与一个神圣的和善意的创世者的意志协调一致,我是不能希望实现它的;尽管在作为一个整体的概念的至善概念中,最大的幸福和最大程度的德性的(在被造物中所可能的)完善被表象为在一个最精确的比例中结合着,而我自身的幸福也一起包括在内:但毕竟不是幸福,而是道德律(它毋宁说把我对幸福的无限制的追求严格限制在一些条件上),才是被指定去促进至善的那个意志的规定根据。

因此,即使道德学真正说来也不是我们如何使得自己幸福的学说,而是我们应当如何配得幸福的学说。只有当宗教达到这一步时,也才会出现有朝一日按照我们曾考虑过的不至于不配享幸福的程度来分享幸福的希望。

149

　　某个人配得上拥有一件事物或一种状态,如果他在这种拥有中与至善相协调的话。现在可以很容易地看出,任何配得上都取决于德性的行为,因为这种行为在至善的概念中构成其他的(属于状态的)东西的条件,也就是构成分享幸福的条件。于是由此得出:我们必须永远不把道德学本身当做幸福学说来对待,亦即当做某种分享幸福的指南来对待;因为它只是与幸福的理性条件(conditio sine qua non①)相关,而与获得幸福的手段无关。但假如道德学(它仅仅提出义务,而不给自私的愿望提供做法)被完整地阐述出来:那么只有在这时,当基于一个法则之上的、以前未能从任何自私的心灵中产生的促进至善(把上帝之国带给我们)的道德愿望被唤醒,并为着这个愿望向宗教迈出了步伐之后,这种伦理学说才能够也被称之为幸福学说,因为对幸福的希望只是从宗教才开始的。

　　我们从中也可以看出:如果我们追问在创造世界中上帝的最后目的,我们不得举出在世界中有理性的存在者的幸福,而必须举出至善,后者在这些存在者的那个愿望之上还加上了一个条件,即配享幸福这个条件,也就是这同一些理性存在者的德性,唯有它才包含着他们能够据以希望从一个智慧的创造者手中分得幸福的尺度。因为智慧从理论上来看意味着对至善的知识,而从实践上看意味着意志对至善的适合性,所以我们不能赋予一个最高的独立智慧以某种仅仅建立在善意上的目的。因为善意的这一(在有理性的存在者的幸福方面的)结果,我们只有在与创造者

---

　　① 拉丁文:不可或缺的条件。——译者

的意志的神圣性①协调一致这个限制条件下,才能思考为与本源

的至善相适合的。所以那些把创造的目的建立在上帝的荣耀中
(前提是,人们不要把这种荣耀拟人化地设想为得到颂扬的爱好)
的人,也许是找到了最好的表达。因为最使上帝荣耀的莫过于这
个世界上最可尊重的东西:敬重上帝的命令,遵循上帝的法则交
付给我们的神圣义务,如果他的宏伟部署达到以相适合的幸福来
使这样一个美好的秩序得以圆满完成的话。如果说后面这种情
况(以人类的方式来说)使上帝值得爱,那么通过前一种情况上帝
就是敬拜(崇拜)的对象。甚至人类虽然也能够通过做好事而为
自己获得爱,但永远也不能仅仅由此而获得敬重,以至于最大的
慈善行为也只有按照配得的资格来施行时才会给他们带来荣耀。

在这个目的秩序中,人(与他一起每一个有理性的存在者)就
是自在的目的本身,亦即他永远不能被某个人(甚至不能被上帝)
单纯用作手段而不是在此同时自身又是目的,所以在我们人格中
的人性对我们来说本身必定是神圣的:这就是从现在起自然得出
的结论,因为人是道德律的主体,因而是那种自在地就是神圣的
东西的主体,甚至一般说来,只是为着道德律并与此相一致,某物
才能被称之为神圣的。因为这个道德律是建立在他的意志的自

---

① 在这里,为了标明这个概念的特征,我只想再说明一点:当我们赋予上帝以
不同的属性时,我们发现这些属性的性质也是适合于被造物的,只是它们在上帝那里
被提升到最高的程度而已,例如力量、知识、在场、善意等等被冠以全能、全知、全在、
全善等等名称,但毕竟有三种性质是唯一地赋予上帝但却不带大小上的同位语的,它
们全都是道德上的:上帝是唯一神圣的、唯一永福的、唯一智慧的;因为这些概念已经
具有不受限制了。这样一来,上帝按照这些概念的秩序也就是神圣的立法者(和
创造者),善意的统治者(和保护者)及公正的审判者:这三种属性包含了上帝借以成
为宗教对象的一切,而与这些属性相适合,种种形而上学的完善性就自然添加到理性
中来了。——康德

律之上的,而他的意志乃是一个自由意志,它根据自己的普遍法则,必然能够同时与它应当服从的东西相一致。

Ⅵ. 总论纯粹实践理性的悬设

这些悬设全都是从道德性的原理出发的,这个原理不是悬设,而是理性用来直接①规定意志的法则,这个意志正由于它被这样规定而作为纯粹意志要求着遵守其规范所必要的这样一些条件。这些悬设不是理论的教条,而是在必要的实践考虑中的诸种前提,因而它们虽然并不②扩展思辨的知识,然而却普遍地(借助于它们与实践的关系)赋予思辨理性的诸理念以客观实在性,并使思辨理性对于那些它本来甚至哪怕自以为能断言其可能性都无法做到的概念具有了权利。

这些悬设就是不朽的悬设,从积极意义看(作为一个存在者就其属于理知世界而言的原因性)的自由的悬设,和上帝存有的悬设。第一个悬设来源于持续性要与道德律的完整实现相适合这个实践上的必要条件;第二个悬设来源于对感官世界的独立性及按照理知世界的法则规定其意志的能力,亦即自由这个必要的

---

① 康德原文为"间接",兹据哈滕斯泰因改正。——德文编者
② 原文缺"并不",据康德自用书上的校改补上。——德文编者

前提;第三个悬设来源于通过独立的至善、即上帝存有这个前提来给这样一个理知世界提供为了成为至善的条件的必要性。

所以,由于对道德律的敬重而成为必要的对至善的意图,以及至善的由这种意图发源的客观实在性前提,通过实践理性的悬设就引向了思辨理性虽然作为课题提出、但却不能解决的诸概念。于是就1)引向了这样一个课题,在它的解决中思辨理性只会陷入谬误推理(这就是不朽的课题),因为在它那里,为了把在自我意识中必然赋予灵魂的那个关于最后主体的心理学概念补足为一个实体的实在表象,缺乏的是持久性的特征,而这一点实践理性通过对某种与作为实践理性的全部目的的至善中的道德律相适合所要求的持续性加以悬设,就做到了。2)它引向了这种概念,思辨理性关于它只包含有二律背反,并只能把这种二律背反的解决建立在某种虽然可以或然地思维、但按其客观实在性却并不能对思辨理性证明和确定下来的概念之上,这就是一个理知世界的宇宙论的理念,及借助于自由的悬设对我们在这个理知世界中的存有的意识(对自由的实在性,理性是通过道德律、并与此同时通过一个理知世界的法则来阐明的,对这个理知世界的法则思辨理性只是指出来,但却不能规定它的概念)。3)它使思辨理性虽然想到了、但却不得不让它作为单纯的先验理想而不加规定的东西,即原始存在者的神学概念,获得了意义(在实践意图中的意义,也就是作为由那个法则所规定的意志的客体之所以可能的条件),也就是在一个理知世界中通过其中统治着的道德立法而使至善这一至上原则获得了意义。

但我们的知识以这样一种方式通过纯粹实践理性难道就有了

153

现实的扩展,而对于思辨理性来说曾是超验的东西,难道在实践理性中就是内在的了吗? 当然,不过仅仅是在实践的意图中。因为我们虽然由此既没有对于我们灵魂的本性,也没有对于理知的世界,更没有对于最高存在者,按照它们自在本身所是的而有所认识,而只是使它们的概念在作为我们意志客体的至善这一实践的概念中结合起来了,而我们是完全先天地通过纯粹理性、但只是借助于道德律并且也只在与道德律的关系中,就其所要求的客体而言来结合的。但为什么哪怕自由也仅仅是可能的,而我们又是如何能从理论上积极地表达这种原因性,这却并没有因此而被看出来,而只是通过道德律并为了道德律而悬设了有这样一种原因性存在。同样,别的那些理念的情况也是如此,它们的可能性是没有任何人类知性在任何时候会去探索的,但即使它们是非真实的概念,也是任何诡辩在任何时候都不会从哪怕最普通的人的确信中夺走的。

154

Ⅶ. 如何能够设想纯粹理性在实践意图中的扩展而不与此同时扩展其思辨的知识?

我们将马上把这个问题通过应用于目前的场合来作出回答,以免太抽象。——为了在实践上扩展一个纯粹知识,必须有一个意图、即一个作为(意志之)客体的目的被先天地给予出来,这个客体必须独立于一切理论的原理①，并通过一个直接规定意志的（定言的）命令，而被表象为实践上必要的；而这在这里就是至善。但如果不预设这三个概念（由于它们只是纯粹理性概念，就不可能为它们找到相应的直观、因而不能以理论的方式为之找到任何客观实在性），即：自由、不朽和上帝，则至善就是不可能的。所以，通过要求一个世界中可能至善之实存的那个实践法则，纯粹思辨理性的那些客体的可能性，及它所不可能为这些客体保证的那种客观实在性，就被悬设了；这样一来纯粹理性的理论知识当然就获得了某种增长，但这种增长仅仅在于，那些本来对纯粹理性是悬拟的（只是可思维的）概念现在就被实然地解释为应现实地将诸客体归之于它们的概念了，因为实践理性不可避免地为了自己的而且是实践上绝对必要的至善客体的可能性而需要它们实存，而理论理性也就由此而被授权去预设它们。但理论理性的这种扩展不是什么思辨的扩展，即不是为了此后在理论的意图上对此作一个积极的运用。因为在这里，既然通过实践理性所做到的只不过是：那些概念是实在的，并现实地拥有自己的（可能的）客体，但同时却并没有这些客体的任何直观被给予我们（这一点也是不能被要求的），那么凭这些概念的这种被承认的实在性并不能使任何综合命题成为可能。所以这种开拓在思辨的意图上对我们没有丝毫的帮助，但在纯粹理性的实践的运用方面倒是有助于我们扩展自己的这种知识。思辨理性的上述三种理念本身还不是什么知识；但它们毕竟是些（超验的）思想，在其中没有

155

----

① "理论的"（theoretisch）原文作"神学的"（theologisch），兹据哈滕斯泰因校正；另外格里罗（Grillo）主张校为"目的论的"（teleologisch），不取。——德文编者

任何不可能的东西。于是,它们通过一条无可置疑的实践法则,作为这条法则要求当做客体的那种东西的可能性的必要条件,就获得了客观实在性,就是说,我们由那条法则而得到指示:它们拥有客体,但却不能指出它们的概念是如何与一个客体发生关系的,而这也就还不是对这些客体的知识,因为我们由此根本不可能对它们作出综合的判断,也不能对它们的应用作出理论上的规定,因而对它们根本不能作理性的任何理论运用,而理性的一切思辨知识真正说来就在于这种运用。然而,虽然不是这些客体的、但却是一般理性的理论知识却由此而在下述方面得到了扩展,即通过这些实践的悬设,那些理念毕竟被给予了客体,因为一个不过是悬拟的思想借此首次获得了客观实在性。所以这不是什么有关被给予的超感性对象的知识的扩展,但却是理论理性及其在一般超感性的东西方面的知识的扩展,只要理论理性不得不承认有这样一些对象,但却不能对它们作更进一步的规定,因而不能对关于这些客体(它们从现在起就出于实践的理由并且也只是为了实践的运用而被给予了理性)的这种知识本身加以扩展,所以纯粹理论理性必须把这种知识的增长仅仅归功于自己的纯粹实践能力,而对它自己来说,所有那三个理念都是超验的,也是没有客体的。在这里,这三个理念就成了内在的和构成性的了,因为它们是使纯粹实践理性的那个必要客体(至善)成为现实的那种可能性的根据,除此之外它们就是超验的,是思辨理性的单纯调节性原则,这些原则交给思辨理性的任务不是超出经验之外去假定某个新的客体,而只是使它在经验中的运用接近完备。但一旦理性具有这种增长,那么它作为思辨理性(本来只是为了保证其实践的运用)所进行的工作就是消极的,就是说,它的工作不是以那些理念来扩展,而是借那些理念来澄清,以便一方面阻止作为迷信之源的拟人主义或凭借臆想的经验对那些概念所作的虚假扩展,另方面阻止那通过超感性的直观或这类感受而对那种扩展作出许诺的狂信;这一切都是纯粹理性的实践运用的障碍,所以对它们加以防范当然就属于对我们在实践意图上的知识所作的扩展了,而与此并不矛盾的是,同时又承认理性在思辨的意图上丝毫也没有因此就有了任何收获。

　　对于理性在一个对象上的任何运用,都要求有纯粹知性概念(范畴),没有它们就没有任何对象能够被思维。这些概念只能被应用于理性的理论用途,即只能应用于那些同时配备有直观(这种直观永远是感性的)的一类知识,因而只能是为了通过它们来表象一个可能经验的客体。但现在,理性的这些在任何经验中都根本不可能被给予出来的理念,在这里却是我必须通过范畴来思维以便对之加以认识的东西。不过,在此所涉及的也不是对这些理念的客体的理论知识,而只是这些理念一般说来拥有客体这件事。纯粹实践理性获得了这种实在性,而在此理论理性所要做的只不过是通过范畴来单单思维那些客体而已,而这正如我们在别的地方清楚地指出过的那样,是完全可以不需要直观(不论是感性直观还是超感性直观)来进行的,因为范畴在不依赖于而且先于一切直观并且只是作为思维能力的纯粹知性中拥有自己的位置和起源,它们永远只意指一个一般客体,而不论它以何种方式被给予我们。于是诸范畴就其应当应用于那些理念而言虽然不可能在直观中被给予任何客体;但它们毕竟通过实践理性在至善概念中毫无疑问地呈现出来的一个客体,即通过为了至善的可能性所要求的那些概念的实在性，而得到了充分保证：这样一个客体是现实的，因而这些范畴作为一种单纯的思维形式在这里不是空洞的，而是有意义的，但却仍然不会由于这种增长就造成以理论原理为依据的知识的丝毫扩展。

*   *   *

除此之外，如果上帝、一个理知世界（上帝之国）和不朽这些理念通过那些从我们自己的本性中拿来的谓词而得到规定的话，那么人们既不可将这些规定看作那些纯粹理性理念的感性化（拟人化），也不可看作对超感性对象的夸大其辞的知识；因为这些谓词无非是知性和意志，确切地说无非是当它们必须在道德律中被思维时在这样的相对关系中被考察的知性和意志，因而只是就它们被当做一种纯粹实践的运用而言的。这样一来，所有其他那些在心理学上、即就我们对我们这些能力在它们的实行中作经验性的观察的范围内与这些概念有关联的东西（如人的知性是推论性的，因而其表象是思想而非直观，这些表象在时间中一个跟随一个，而人的意志则总是带有满足于其对象之实存的依赖感，如此等等，而在最高存在者那里则不可能是这样的）就都被抽象掉了；于是关于我们借以思维一个纯粹知性存在者的那些概念，所余留下来的就刚刚只是为了能够思维一个道德律所要求的东西，因而虽然是一种上帝知识，但却只是在实践关系中的知识；因此，如果我们试图把它扩展为一种理论性的知识，我们就将获得一种并不思维但却直观的知性，一种指向对象而其满足丝毫也不依赖于该对象之实存的意志（我连提都不想提及那些先验的谓词，例如实存的某种量、即延续,但这种延续却不在时间中发生,时间则是我们把存有设想为量所唯一可能的手段):这些纯洁的属性,我们对之完全不可能造成任何与对象的知识相适合的概念,而由此也就告诉我们,它们永远不能够被运用于有关超感性存在者的某种理论,因而也根本不可能在这方面建立起某种思辨的知识,而是把自己的运用仅仅局限于对道德律的实行之上。

后面这一点是如此显而易见,并能够通过事实得到如此清楚的证明,以至于我们可以放心地请求所有那些被以为的自然神学家们(一个怪异的称号①),哪怕只举出一个对他们的这种对象进行(超出单纯本体论的谓词之外的)规定的属性,例如知性属性或意志属性,人们都将能够对之不无异议地表示,如果我们从中把一切拟人主义的东西都剔除掉,留给我们的就会只是一个单纯的词语,而不能把任何一个概念与之相结合,以便可以指望对理论知识有某种扩展。但在实践的东西方面从一个知性和意志的那些属性中毕竟还是给我们余留下了某种关系的概念,实践法则(它恰好先天地规定了知性对意志的这种关系)使这个概念获得了客观实在性。只要这种情况一旦发生,则一个道德上被规定了 159 的意志的客体概念(至善概念),以及和它一起,这客体的可能性条件即上帝、自由和不朽的理念,也都被赋予了实在性,但永远只是在

① 博学本来只是各种历史科学的总和。所以只有启示神学的教师才能叫做神学家[按原文为 Gottesgelehrter,意即"对神的博学者"——译者]。但如果人们想把那种拥有各种理性科学(数学和哲学)的人也称之为一个博学者,虽然这已经会与这个词的含义(即它任何时候都只把那种绝对必须被教给、因而不能通过理性由自己发明的东西算做博学的)发生冲突:那么哲学家就完全有可能用自己的作为积极科学的上帝知识而造成一种太坏的形象,以至于不能被称之为一个博学者。——康德

与这个道德律之实行的关系中（而不是为了思辨的目的）赋予的。

在作了这些提醒之后，现在也就可以很容易地找到对这一重要问题的答案了：上帝的概念是一个属于物理学（因而当它只包含物理学的那些普遍意义上的纯粹先天原则时也属于形而上学）的概念还是一个属于道德学的概念？在解释自然的安排或它的变化时，如果有人乞灵于作为万物的创造者的上帝，那么这至少不是什么自然的解释，而是在各方面都承认他的哲学已经完蛋了：因为他不得不假定某种他从来对之没有任何特殊概念的东西，以便能够对他眼前所看到的东西造成一个概念。但通过形而上学从这个世界的知识借助于可靠推论来达到上帝的概念及其实存的证明之所以是不可能的，是因为我们将必须把这个世界作为最完满的可能整体来认识，因而为此目的就必须认识一切可能的世界（以便能够将它们与这个世界相比较），因而就必须是全知的，以便说这个世界只有通过一个上帝才是可能的（就像我们必须设想这个概念那样）。但完全从单纯概念来认识这个存在者的实存是绝对不可能的，因为任何一个实存命题，也就是关于一个我对之取得一个概念的存在者作出"它实存着"这样的表述的命题，都是一个综合命题，亦即这样一种命题，我借助于它而超出那个概念之外并对之说出比在概念中所曾想到的更多的东西：就是说，与这个在知性中的概念相应地，还要设定一个在知性之外的对象，而这显然是通过任何一种推论不可能做得到的。所以留给理性来达到这种认识的只剩下唯一的一种处理方式，这就是它作为纯粹理性而从自己的实践运用的至上原则出发（因为这种运用本来就只是针对着作为理性之后果的某物的实存的）来规定自己

的客体。而在这里就不仅仅是在理性必须使意志倾向于至善的不 160
可回避的任务中显示出在与这个世界的这种至善的可能性的关系
中假定这样一个原始存在者的必要性,而且最值得注意的是,还显
示出理性在自然道路的进程中所完全缺乏的某种东西,这就是对
这个原始存在者的一个精确规定了的概念。既然我们只认识这个
世界的一个很小的部分,更不能够把这个世界与一切可能的世界
相比较,所以我们固然可以从这个世界的秩序、合目的性和伟大推
论出它的一个智慧、善意和大能等等的创造者,但却推不出他的全
知、全善、全能等等。人们哪怕完全可以承认,他们的确有权用一个
可以容许的十分合理的假设来弥补这个不可避免的缺陷,这个假
设就是:如果在我们较贴近的知识所呈现出来的那些部分中放射
出智慧、善意等等的光辉,则在所有其他的部分中也同样会是如此,
所以把一切可能的完善赋予世界的创造者就是合理的;但这绝不
是我们借此自以为有所洞见的什么推论,而只是人们可以原谅我
们的一种许可,但这种许可为了自己的运用毕竟还需要其他方面
的推荐。所以,上帝概念以经验性的方式(物理学的方式)就仍然
总是有关第一存在者之完善性的一个没有得到精确规定的概念,
以至于不能把这个概念看作与一个神性的概念相适合的概念(但
凭借形而上学在其先验的部分中却又根本不可能有任何建树)。

　　现在我试图把这个概念限制在实践理性的客体上,于是我就
发现,道德原理只有在预设一个具有最高完善性的世界创造者的
前提下才允许这一概念①是可能的。世界创造者必须是全知的,

————————

①　那托尔普校作"这一客体"。——德文编者

以便在一切可能的情况下及在一切将来都对我的行为直到我意向的最深处都加以认识；必须是全能的，以便为我的行为分配适当的后果；同样也必须是全在的、永恒的等等。因而道德律就通过那个作为一个纯粹实践理性的对象的至善概念而能够规定作为最高存在者的原始存在者的概念，这是理性的自然进程（并进一步延伸到形而上学进程）、因而整个思辨进程所不可能做到的。所以上帝概念是一个从起源上就不属于物理学的、亦即不是对思辨理性而言的概念，而是一个属于道德学的概念，并且我们对其他理性概念也可以有同样的说法，我们在前面已经把它们当做理性在其实践运用中的一些悬设来处理了。

　　如果我们在阿那克萨哥拉以前的希腊哲学史中没有找到某种纯粹的理性神学的任何清晰的痕迹，那么其原因并不在于古代哲学家们在知性和洞见上有缺陷，不能通过思辨的途径、至少是借某种完全合理的假设之助使自己提升到这一水平；有什么能够比每个人自发地呈现出来的思想，即假定一个拥有一切完善性的唯一合理的世界原因去取代不同世界原因的那些不确定的完善程度，要更加容易和更加自然的呢？但这个世界上的各种坏事却似乎对他们提出了许多太重要的反驳，以至于不能把主张这样一种假设看作是有理由的。因而他们正好这样来表现知性和洞见，即他们并不冒昧去作那种假设，反而在自然原因中到处搜求，看自己是否能够在这些原因中碰到原始存在者所要求的那种性状和能力。但当这个富有洞察力的民族在自然研究中走过如此一段距离，甚至对其他民族从来也没有超出过空泛议论的那些道德的对象也作了哲学的处理之后，这时他们才第一次发现了一种新的需要,即一种实践的需要,这种需要不会不给他们确定地指明那个原始存在者概念,而思辨理性则对此袖手旁观,顶多还有这样的功劳,即对一种不是在自己的基地上生长起来的概念作点润饰,并且凭借现在才首次显露出来的出于自然观察的一连串确证,与其说是提高这个概念的声望(这一点已经得到了确立),不如说只是用臆想的理论上的理性洞见助长其浮华。

＊　　　　＊　　　　＊

从这些提醒中,纯粹思辨理性批判的读者将会完全确信,那 162 个艰难的范畴演绎对于神学和道德学而言是如何极其必要、如何有用了。因为唯有借这种演绎才有可能当人们把这些范畴在纯粹知性中设立起来时,防止人们像柏拉图那样把它们看作是天生的,并在这上面建立起对我们无法预料其结果的超感性之物的理论的夸大其辞的僭妄,却由此而使神学成为充满幻影的幻灯;但当人们把这些范畴看作后天获得的时,则防止人们像伊壁鸠鲁那样把它们所有的和每一种运用、哪怕是在实践意图上的运用都仅仅局限于感官的对象和规定根据上。但现在,当批判在那个演绎中证明了,第一,这些范畴并没有经验性的起源,而是先天地在纯粹知性中有自己的位置和来源;以及第二,由于它们不依赖于对象的直观而与一般对象发生关系,它们虽然只有在应用于经验性的对象时才形成理论知识,但毕竟在被应用于通过纯粹实践理性而被给予的对象时也会用来对超感性的东西作确定的思考,但却只不过是就这种超感性的东西仅仅被这样一些必然属于纯粹的、被先天给予的实践意图及其可能性的谓词所规定而言。纯粹理性的思辨的局限和它的实践的扩展第一次把纯粹理性带进了这样一种平等关系之中,在这里一般理性可以得到合目的性的运用,而这个例子就比别的例子更好地证明,通往智慧之路如果应当是可靠的而不是不可通行的或引入歧途的,那么它在我们人类这里就不可避免地必须借助于科学来通达,但对此我们又只有在这门科学完成以后才能够确信它是通向那个目标的。

163

Ⅷ. 出于纯粹理性的某种 需要的认其为真

纯粹理性在其思辨运用中的某种需要只是导致假设,但纯粹实践理性的需要则导向悬设;因为在前一种情况下我从派生的东西出发在根据序列中向上提升到如我所愿的高度,并且需要一个原始根据,不是为了赋予那种派生的东西(如在这个世界中的事物和变化的因果联系)以客观实在性,而只是为了在派生的东西方面完全满足我的探索的理性。于是我就在我面前的自然中看到了秩序和合目的性,而不需要为了使自己确信其现实性而着手去进行思辨,而只需要为了解释它们而预设一个上帝作为其原因,这样一来,由于从一个结果向一个确定的原因、尤其是像我们对上帝所必须思考的那样严格那样完全地确定的原因所作的这种推论永远是靠不住的和拙劣的,则这样一种预设所能达到的就只不过是对我们人类而言最为合理的意见这种程度。① 反之，一个纯粹实践理性的需要则是建立在某种义务之上的，即有义务使某种东西(至善)成为我的意志的对象，以便尽我的一切力量促进它；但我在此必须预设它的可能性，甚至还必须对这种可能性的那些条件即上帝、自由和不朽加以预设，因为我通过我的思辨的理性并不能证明它们，虽然也不能反驳它们。但这种义务建立在某种完全不依赖于后面这些预设而自身独立地、无可置疑地确定的法则即道德律之上，在此范围内它为了约束我们最完善地做出无条件地合乎法则的行动，并不需要从别的地方通过对事物的内部性状、对世界秩序的或是某个主管世界秩序的统治者的隐秘目的的理论意见提供任何支持。但这条法则的主观效果，即与它相适合并且也通过它而是必然的那个促进实践上可能的至善的意向，却至少预设了至善是可能的，在相反的情况下，拼命追求一个其实是空洞而没有客体的概念的客体，这在实践上就会是不可能的。于是上述悬设就只涉及至善的可能性的那些自然的或形而上学的、总之是处于事物本性中的条件，但不是为了一个随意的思辨的意图，而是为了纯粹理性意志的一个实践上必要的目的，这个意志在这里并不选择，而是听从理性的一个毫不松懈的命令，这个命令在事物的性状中客观上有其根据，只要这些事物必

164

----

① 然而，即使在这里，假如不是有一个悬拟的但毕竟是不可避免的理性概念，即一个绝对必然的存在者的概念摆在我们眼前的话，我们也就不可能把理性的一种需要用作借口了。现在这个概念将得到规定，而这一点当对此加以扩展的冲动发生时，就是思辨理性的一种需要的客观根据，即要对应当用作其他存在者的原始根据的一个必然存在者的概念作进一步规定并由此使它得到标明这种需要的客观根据。没有这样一些先行的必要问题，也就没有任何需要、至少是没有纯粹理性的需要；其余的都是爱好的需要。——康德

须由纯粹理性来作普遍的评判,并且,这个命令绝不是建立在爱好之上的,这种爱好为了我们出于单纯主观的根据所希望的东西,没有任何权利马上就假定达到这种东西的手段是可能的,乃至于假定这对象是现实的。所以这就是一个在绝对必要的意图中的需要,它表明自己的预设不仅只是作为可以允许的假设是有理由的,而且作为在实践意图中的悬设也是有理由的;并且如果承认这个纯粹道德律作为命令(而不是作为明智的规则)毫不松懈地约束着每个人,一个正直的人就完全可以说:我愿意有一位上帝,我在这个世界上的存有在自然联结之外也还会是一个纯粹知性世界中的存有,再就是最后,我的延续是无穷的,我坚持这些并且非要自己这样相信不可;因为这是唯一的场合,在这里由于我决不可以忽视自己的兴趣,我的兴趣就不可避免地规定着我的判断,而不去注意那些玄想,不管我对这些玄想可能会多么难以回答,或是多么难以做到以更加虚假的玄想去对抗它们。①

165

————————

① 在 1787 年 2 月号的《德意志博物馆》上登载了一篇由头脑极为敏锐而清澈、可惜早逝的已故魏岑曼[Thomas Wizenmann, 1759—1787, 在 F.H.雅可比与门德尔松关于莱辛的斯宾诺莎主义的论战中雅可比的盟友。——据英译者]的一篇文章,他在其中对于从一种需要推论出这个需要的对象的客观实在性的做法提出质疑,并用一个热恋者的例子来阐明他的论点,这个热恋者由于迷恋于只是他自己的幻影的那个美的理念,就想推论这样一个客体是现实地在什么地方实存着的。在把需要建立在爱好之上的一切场合下,我承认他在这里是完全有道理的,爱好就连对那种受到它的诱惑的人也不是必然能够悬设其客体的实存,更不包含对每个人都有效的要求,因此只是种种希望的一个主观的根据。但在这里却是一种出自意志的客观的规定根据,即来自道德律的理性的需要,它是必然约束着每个有理性的存在者的,所以就先天地有资格在自然中预设与它相适合的条件,并使得这些条件与理性的完全的实践运用成为不可分割的。这就是我们竭尽全力使至善成为现实的那个义务;因此至善终归也必须是可能的,因而对于这个世界的每个有理性的存在者来说,也不可避免地要预设对至善的客观可能性所必需的东西。这个预设正如道德律一样是必要的,它也只是在与道德律的关系中才有效。——康德

　　*　　　*　　　*

　　为了在运用像纯粹实践理性的信仰这样一种还是如此不习惯的概念时防止误解，请允许我再增添一个注解。——据说情况看来差不多是这样，似乎这个理性信仰在这里本身就会被宣布为命令，即要求把至善假定为可能的。但一个被命令的信仰是荒唐无稽的。但是让我们回忆一下上面对于在至善概念中被要求假定的东西所作的分析，我们就会懂得，对这种可能性作出假定，这是根本不可以命令的事，它也不要求任何承认这种可能性的实践意向，相反，思辨理性必然会对这种可能性无需申请就加以批准；因为毕竟不可能有任何人愿意主张：这个世界上的有理性的存在者与道德律相适合而配得幸福的资格，与按照这种资格的比例对这种幸福的占有结合起来，这本身是不可能的。现在，就至善的前一部分，即涉及到德性的部分而言道德律给予我们的只是一个命令，而怀疑那个组成部分的可能性也就等于是对道德律本身产生怀疑。但涉及到那个客体的第二部分，亦即与那个资格通盘相适合的幸福，那么虽然承认这种幸福的一般可能性根本不需要一个命令，因为理论理性自身并不反对这一点：只是我们应当如何设想自然法则与自由法则的这样一种和谐的方式本身却具有某种值得我们选择的特点，因为理论理性对于这一点不能以无可置疑的确定性作出任何决断，而在这种确定性方面可以有一个道德的兴趣来起决定性的作用。

　　前面我曾说过，按照这个世界的单纯的自然进程，精确地与道德价值相适合的幸福是不可指望而必须视为不可能的，所以至

166

善的可能性在这一方面只能够在预设一个道德的世界创造者的前提下才被承认。我曾有意克制着不把这一判断局限于我们理性的主观条件之上，为的是在后来当需要对理性的认其为真的方式作更进一步规定时才运用这种做法。实际上，前述的不可能性只是主观的，就是说，我们的理性发现自己不可能根据一个单纯自然进程使两种按照如此不同的法则而发生的世界事件之间如此精确适合并通盘合目的性的关联得到理解；虽然正如在所有那些通常在自然中是合目的的东西那里一样，理性毕竟也不能根据普遍的自然法则来证明，也就是出于客观的理由来充分说明这种关联的不可能性。

167　　不过，现在加入进来了一种不同类型的决断根据，以在思辨理性的动摇不定中起决定性的作用。促进至善这一命令是（在实践理性中）有客观根据的，至善的一般可能性同样也是（在对此不加反对的理论理性中）有客观根据的。不过，我们应当如何表象这种可能性的那种方式，即：是按照普遍的自然法则而无须一个主管自然的智慧的创造者呢，还是以这个创造者的预设为前提，这是理性不能客观地加以决断的。在这里现在就加入了理性的一个主观条件：这就是唯一在理论上对理性是可能的、同时又是唯一对道德（它是从属于理性的一条客观法则的）有益的方式，即把自然王国和道德王国的严格协调一致设想为至善的可能性条件。既然促进至善、因而预设其可能性在客观上（但仅按实践理性来说）是必然的，但同时，我们要据以把至善设想为可能的那种方式却是由我们所选择的，然而在这种选择中纯粹实践理性的一个自由的兴趣却决定要选取一位智慧的世界创造者：那么，在这里规定我们的判断的那个原则虽然作为需要是主观的,但同时作为对客观上(实践上)必要的东西的促进手段,也是在道德意图中一条认其为真的准则的根据,也就是一个纯粹实践的理性信仰。所以这种信仰不是被命令的,而是作为我们的判断的规定,这种规定自愿地有利于道德的(被命令的)意图、此外还与理性的理论需要相一致,要把那种实存加以设定并作为进一步理性运用的基础,这种信仰本身是来源于道德意向的;所以它往往可能即使在善意的人们那里有时也动摇不定,但永远不会陷于无信仰。

168

Ⅸ. 人的认识能力与他的实践 使命的明智适当的比例

如果人的本性的使命就是追求至善,那么他的诸认识能力的尺度,尤其是这些能力相互之间的比例关系,也必须被假定为是适合于这一目的的。但现在,对纯粹思辨理性的批判证明它在合乎这一目的地解决提交给它的这个最重要的任务上的最大的不足,虽然这一批判也并没有低估这同一个思辨理性的自然的和不可忽视的提示,同样也不低估它为了接近这个已经给它标识出来了的伟大目标所可能跨出的巨大的步伐,但思辨理性却毕竟任何时候单凭自己哪怕借助于最大量的自然知识也都达不到这一目标。所以大自然在这里显得只是后母般地为我们准备了达到我们的目的所必需的能力。

现在,设若大自然在这里顺从了我们的愿望,并赋予了我们以这样一种我们很想具有、或有些人竟然误以为自己现实地具有了的洞见能力或悟性,那么这从各种表面现象来看会有什么样的结果呢?只要我们的整个本性没有同时遭到改变,那么那些终归总是第一个发言的爱好就会首先要求满足自己,并且在与合理的考虑结合在一起时,就以幸福的名义要求自己得到最大可能的持久的满足;在此之后道德律才会说话,以便把那些爱好保持在自己适当的限制中,乃至于使它们全部都从属于一个更高的、对任何爱好都不加考虑的目的。但道德意向现在必须与爱好进行的那场几经失败之后毕竟可以在其中逐渐赢得灵魂的道德力量的战斗就会被取代,而上帝和永恒就会以其可畏的威严不间断地被置于眼前(因为我们能够完全证明的东西在确定性方面是与我们通过亲眼目睹而确信的东西对我们有同样效果的)。对法则的违犯当然就会被避免,被命令的事会得到执行;但由于行动应当从中发生的那个意向不可能由任何命令一起灌注进来,对活动的刺激在这里却当即就在手边并且是外来的,因而不许可理性首先力求上进以通过对法则的尊严的活生生的表象聚集起力量去抵抗爱好,于是绝大多数合法则的行动的发生就会是出于恐惧,只有少数会出于希望,而根本没有什么行动会出于义务了,但这些行动的道德价值也就会荡然无存了,而人格的价值,甚至在最高智慧眼中的世界的价值,毕竟都是唯一地取决于这种道德价值的。所以,只要人类的本性还是像它现在这样,则人类的行为就会变成单纯的机械作用,这时一切将会像在木偶戏中那样很是有模有样,但在人物形象里却看不到任何生命。既然在我们这里完全是另一种情况,既然我们凭自己理性的一切努力都只有对未来的一种极为模糊不清的展望,世界的统治者只让我们对他的存有和这种存有的壮丽加以猜测,不让瞥见或作出清晰的证明,而我们里面的道德律却相反,并不向我们肯定地约许什么或威胁什么,而要求我们无私的敬重,但除此之外,当这种敬重成为主动的和占统治性的时候,这样一来、并且仅仅是由于这一点,道德律才首次允许对超感性事物的王国加以展望,但也只是凭借微弱的眼光:那么,真正的道德的、被直接奉献于法则的意向是能够发生的,而有理性的创造物是能够配得至善的份额的,这是与他的人格的道德价值而不是单纯与他的行动相称的。所以即使在这里,对自然和人的研究通常给我们以充分教导的东西也可以是很正确的,即:我们借以实存的那个不可探究的智慧,在他拒绝给我们的东西中比在他让我们分得的东西中并不更少值得尊敬。

第二部分

纯粹实践理性的方法论

我们所谓的纯粹实践理性的方法论,不能理解为(不论是在反思中还是在陈述中)对纯粹实践原理在它们的科学知识方面作出处理的那种方式,这种处理我们通常本来只在理论理性中才称之为方法(因为通俗的知识需要一种章法,但科学则需要一种方法,这就是一种按照理性原则的处理方式,而一种知识的杂多唯有借此才能成为一个系统)。毋宁说,这种方法论被理解为:我们如何能够做到使纯粹实践理性的法则进入人的内心和影响内心准则的那种方式,也就是能够使客观的实践理性也在主观上成为实践的那种方式。

　　现在虽然很清楚的是,唯一使各种准则真正成为道德的并赋予它们某种道德价值的那些规定意志的根据,即法则的直接表象以及对法则作为义务而在客观上必然的遵守,都必须被表象为行动的真正动机;因为否则固然会导致行动的合法性,却不会导致意向的道德性。不过不太清楚的倒是,初看起来对每个人都必然显得难以置信的是,对纯粹德行的那种描述甚至在主观上,也比由娱乐的哄骗和一般我们可以归入到幸福里面去的一切东西所可能造成的所有那些引诱,或者甚至比由痛苦和灾难在某个时候所可能造成的所有那些威胁,都能够对人的内心拥有更多威力,并能够充当一个远为强烈的动机去自己促成行动的那种合法性,

产生一些更有力的、出于对法则的纯粹敬重宁要法则而不要任何
其他考虑的决断。然而情况实际上就是如此,并且假如人的本性
不具有这种性状的话,那也就不会有法则的任何表象方式在什么
时候转弯抹角地以劝说的手段把意向的道德性产生出来了。一
切都将成为纯然的伪善,法则将会遭到厌恶乃至于轻视,然而却
为了自己的好处而仍然被遵守着。法则的字眼(合法性)在我们
的行动中是找得到的,但法则的精神在我们的意向中(道德性)则
全无,而既然我们用尽了一切努力在我们的判断中都毕竟不可能
完全摆脱理性,那么我们不可避免地必然会在我们自己的眼中显
得是毫无价值的卑鄙小人,即使我们试图对于在心中的法庭面前
所受到的这种屈辱用如下方式来加以补偿,即我们会通过娱乐而
使自己轻松愉快,对这些娱乐活动,我们妄想已有一个被我们所
假定的自然的或神性的法则与对它们的警察机器结合在一起,这
种警察仅仅针对人们所做的事,而不关心人们为什么做这件事的
动因。

虽然我们不能否认,为了把一个或是还未受到教养、或是粗
野化了的内心首次带到道德—善的轨道上来,需要一些准备性的
指导,即通过他自己的利益来对此加以引诱,或是通过损害来恐
吓;不过一旦这种机制、这种管束①产生了一些效果,那么纯粹的
道德动因就必须被完全带进心灵,这种动因不仅因为它是唯一建
立起一种品格(即按照不变准则的一种实践上一贯的思维方式)
的动因,而且也由于它教人感到他自己的尊严,就给内心提供了

---

① 原文为 Gängelband,指婴儿学步用的襻带。——译者

一种出乎他自己意料之外的力量,以从一切想要占据统治地位的感性依赖性中挣脱出来,并在他的理知本性的独立性和他视为自己的使命的崇高思想中为他所奉献出去的牺牲找到丰厚的补偿。所以,我们愿意通过任何一个人都能够进行的观察,而把我们内心的这种属性,这种对一个纯粹道德兴趣的感受性,因而对纯粹德性表象的这种动力,当它被理直气壮地带到人心中来时,证明为趋向于善的最有力的动机,并且如果在遵守道德准则时关键在于持久性和严格性,则证明为唯一的动机;但与此同时却必须记住,如果这些观察只是证明了这样一种情感的现实性,却并没有证明由此而实现出来的道德上的改善,那么这并不会对那个使纯粹理性的客观上实践的法则仅通过纯粹的义务表象而成为主观上实践的唯一方法造成任何损害,仿佛这种方法就只是一种空洞的幻想了似的。因为既然这种方法还从来没有被实行过,那么经验也就还不可能显示出它的任何后果来,相反,我们只能对这样一些动机的感受性的证据链提出要求,我现在打算简要地展示这个证据链,然后再稍微勾画一下对纯正道德意向的建立和培养的方法。

　　如果我们注意一下不仅由博学之士和玄想家、而且由商人和家庭妇女所组成的那些混杂的社交聚会中的交谈,那么我们就会发现,除了讲故事和戏谑之外,其中还有闲聊、也就是说闲话的一席之地:因为故事如果要求新奇和本身具有新鲜的兴趣的话,一会儿就会耗尽,戏谑却很容易变味。但是在一切说闲话中,没有什么比关于某一个人的品格应当由之确定的这个那个行动的道德价值的闲话,更多地激起那些在其他所有的玄想那里马上会感到无聊的人士的参与,并把某种生气带入社交中来的了。那些平时对理论问题中的一切玄妙和冥想的东西都觉得枯燥和伤神的人,当事情取决于对一个被讲到的好的或坏的行动的道德内涵作判定时,马上就会参加进来,并且可以如人们在任何思辨客体那里通常都不可能期待于他们的那样精细、那样冥思苦想、那样玄妙地,把一切有可能使意图的纯洁性、因而使意图中德行的程度遭到贬低或哪怕只是变得可疑的东西想出来。我们往往可以在这些评判中看到对别人作判断的那些个人自己的品格泄露出来,他们中的有些人,尤其是由于他们对死去的人行使自己法官的职务,似乎主要倾向于为所谈到的有关这些人的这个那个行为的善而辩护,以反驳一切不正派的伤人非议,最终为这个人的全部道德价值辩护,以反驳虚伪和阴毒的指责,相反,另外一些人则更多盘算的是控告和谴责,不承认这种价值。但人们毕竟不能总是赋予后面这种人以这样的意图,即想要从人类的一切榜样那里把德行完全通过玄想去掉,以便由此使德行变成一个空名,相反,这常常只是在按照某种不可通融的法则对纯正道德内涵作规定时本意良好的严格而已,在与这个法则而不是与那些榜样作比较时在道德性方面的自大就大为降低,而谦虚决不只是被教会的,而且是在强烈的自我拷问中被每个人所感到的。然而我们常常可以在那些为已有榜样的意图的纯洁性作辩护的人那里看到,凡是在他们对正直不阿有自己的猜想时,他们也喜欢为这些榜样擦去最微小的污点,其动因是为了当一切榜样都被怀疑其真实性、一切人类德行都被否认其纯洁性时,德行不会最终被看作只是一个幻影,从而趋向德行的一切努力都被当做虚荣的做作和骗人的自大

176

而遭到蔑视。

　　我不知道为什么青年的教育者们对于理性的这种很乐意在被提出的实践问题中自己作出最精细的鉴定的倾向不是早就已经在加以运用，并且他们在把某种单纯的道德上的教义问答作为基础之后，为什么不为此搜遍古今人物传记，以便手中握有所提出的那些义务的凭据，在这些凭据上他们首先可以通过对各种不同情况下的类似行动加以比较，使他们的弟子开始运用自己的评判来看出这些行动的较小或较大的道德内涵，他们会在这里发现甚至那些本来对任何思辨都还不成熟的少年马上就变得非常敏锐，并由于感到自己判断力的进步而对此发生不小的兴趣，但最重要的是，他们可以有把握地指望，经常练习去认识和称赞那种具有全部纯洁性的良好行为，另一方面则带着惋惜和轻蔑去发觉对这种纯洁性的哪怕最小的偏离，即使这种做法直到这时还只是被当做一种小孩子们可以相互比赛的判断力游戏来发起的，但却会对于推崇一方面而憎恶另一方面留下某种持久的印象，这些练习仅仅通过把这些行动经常地看作值得称赞或值得谴责的这种习惯，就会对以后生活方式的正直不阿构成一个良好的基础。只是我希望不要用我们那些感伤文字中被如此大量滥用的所谓高尚的（过誉了的）行动的榜样来打扰这种练习，而是把一切都仅仅转移到义务以及一个人在他自己眼里通过没有违犯义务的意识而能够和必须给予自己的那种价值之上，因为凡是导致对高不可攀的完善性的空洞希望和渴求的东西所产生的纯然都是小说中的人物，这些人物由于他们对自己感觉到这种夸大其辞的伟大非常得意，于是就为这一点而宣布自己可以不遵守平庸的和通行的职责,这种职责在他们看来只是微不足道地渺小。①

　　但如果有人问:究竟什么才真正是我们必须用作试金石来检
178 验任何行动的道德内涵的纯粹德性,那么我就必须承认,只有哲
学才能使这个问题的决断成为可疑的;因为在普通的人类理性中
这个问题虽然不是凭借抽象的普遍公式、但却通过日常的习惯而
早已经仿佛是左右手之间的区别一样地被决断了。所以我们将
首先用一个例子来指出纯粹德性的检验标准,并且通过我们设想
例如它被提交给一个十岁男孩去作评判,来看看他是否由自己而
不经过老师的指导也必然会作出这样的判断。设若有人讲述了
一个正派人士的故事,别人想鼓动他参与对一个无辜而又无权势
的人(如英格兰的亨利八世对安妮·博林的控告②)进行诽谤。
人家许以好处,即送以重礼或封以高位,他都拒绝接受。这在听
者的心里所引起的只不过是称许和赞同,因为那都是好处。现在
人家开始以损失相威胁。在这些诽谤者中有他的一些最好的朋
友,他们现在宣告中断与他的友情,有他的近亲,他们威胁要剥夺
他的继承权(而他却没有财产),有权贵,他们可以在任何地方、任
何情况下迫害和侮辱他,有君王,他威胁他会失去自己的自由甚

――――――――

　　① 对那些从中放射出伟大、无私和富于同情心的意向和人性之光的行动加以
赞扬是完全可取的。但我们在此必须注意的,与其说是灵魂的高迈,不如说是对义务
的由衷的服从,前者是转瞬即逝和暂时的,对后者却可以指望有一个更长久的印象,
因为它具有原理(前者则只具有激动)。只要有人作一点点反省,他就总是会感到一
种他以某种方式对人类所承担的罪责(哪怕只是这样一种罪责,即我们通过人类在
公民状态中的不平等而享受到好处,为此之故别人必然会更加贫困),以便对义务的
思考不会被自以为有功的想象排斥掉。――康德
　　② 安妮·博林(Anna Boleyn,1507—1536)是英格兰国王亨利八世的第二个妻
子,婚后三年,亨利以她与人通奸和乱伦的罪名将其关进伦敦塔,终被贵族法庭判为
有罪并斩首,是历史上著名的冤案。――译者

至生命。但为了让他也感受到只有道德上善良的心才能十足真切地感受到的那种痛苦，以便苦难的程度臻于极致，我们可以设想他的受到极度困苦和贫穷所威胁的家庭恳求他让步，而他自己虽然为人正直，但恰好并不具有对于同情和自己的困苦都麻木不仁的感官，在他希望永远不过那种使他遭受如此难以言表的痛苦日子的这一刻，他却仍然忠于他的正直的决心，毫不动摇或哪怕是怀疑：那么我这位年轻的听者就会一步步从单纯的赞同上升到钦佩，从钦佩上升到赞叹，最后一直上升到极大的崇敬，直到一种自己能够成为这样一个人（当然并不是在他那种情况下）的强烈的愿望；但在这里，德行之所以具有这么多的价值，仍然只是由于它付出了这么多，而不是由于它带来了什么。整个钦佩、甚至要与这种品格相似的努力，在这里都完全是基于道德原理的纯粹性，这种纯粹性只有通过我们把一切只要是人类能够归入幸福之中的东西都从行动的动机中去掉，才能够相当引人注目地表现出来。所以，德性越是纯粹地表现出来，它对于人心就必定越是有更多的力量。由此就得出，如果德性法则、圣洁和德行的形象在任何地方都应当对我们的灵魂施加影响的话，那么这种德性之所以能够施加这种影响，只是在它不掺杂对自己的福利的意图而纯粹作为动机得到细心关照的范围内，因为它在苦难中才最庄严地表现出来。但那种被清除之后就加强了某种推动力的作用的东西，就必定曾经是一种阻碍。所以任何把从自己的幸福中取得的动机混杂进来的做法都是对道德律在人心上获得影响的一个阻碍。——此外我主张，甚至在那种受到钦佩的行动中，如果行动由以发生的动因是对自己的义务的尊重，那么正是这种对法则的

179

敬重,而绝不是对有关慷慨大度和思维方式高尚可嘉的那种自以为是的看法的要求,恰好会对目击者的内心产生最大的力量,所以是义务,而不是功劳,才不仅必然会对内心有最确定的影响,而且如果它在自己的不可侵犯性的光辉中被表现出来,也必然会对之有最透彻的影响。

在我们的时代,比起通过与人类的不完善性和在善中的进步相适应的枯燥严肃的义务表象来,人们更希望借助于无病呻吟的、软绵绵的情感,或是借助于野心勃勃的、吹胀了的、使人心与其说加强不如说萎缩的狂妄,来对内心产生出更大的效果,在这个时代对这种方法加以提示就比任何时候更有必要了。为儿童树立一些行动作为高尚、慷慨和值得赞扬的模范,以为通过灌输某种热忱就会获得他们对这些行动的好感,这完全是适得其反。因为既然儿童在遵守最普通的义务上,甚至在正确评判这种义务上还如此远远滞后,那么这就等于说要使他们及时地成为幻想家。但甚至在人类的更有学问更有经验的那一部分中,这种臆想的动机对人心如果不是更有害的话,也至少是没有什么真正的道德作用的,但人们本来却正是想借此促成这种道德作用。

一切情感,尤其是应当引起如此异常的努力的情感,都必须在它们正处于自己的高潮而还未退潮的那一刻,发生它们的作用,否则它们就什么作用也没有:因为人心会自然而然地回复到自己的自然适度的生命活动并随后沉入到它自己原先的那种疲乏状态中去;因为被带给它的虽然是某种刺激它的东西,但却绝不是什么加强它的东西。原理必须被建立在概念上,在一切别的基础上只能造成一些暂时冲动,它们不能使人格获得任何道德价值,甚至也不能获得对自己本身的信心,没有这种信心,对自己的道德意向和对这样一种品格的意识,即人里面的至善,就根本不可能发生。于是这些概念当它们应当成为主观上实践的时,必须不再停留于德性的客观法则上,以便得到钦佩和在与人性的关系中得到尊重,而是必须在与人以及与人的个体的联系中来考察它们的表象;因为那条法则显现在一种虽然值得最高敬重、但却不那么令人喜爱的形态中,并不像是属于他所自然而然地习惯了的要素,反而像要迫使他常常不是没有自我克制地放弃这一要素,而献身于更高的要素,在这种要素中,他只有怀着对退化的不断忧虑才能费力地维持下去。总之,道德律要求出于义务来遵守,而不是出于偏爱,人们根本不可能也不应当把偏爱作为前提。

　　现在让我们举一个例子,看是否在把一个行动表象为高尚的和慷慨的行动时,比起这个行动仅仅被表象为与严肃的道德律相关的义务时,会包含有一个动机的更多的主观动力。有人冒着最大的生命危险力图从沉船中救人,如果他最终为此丧失了自己的生命,他的这种行动虽然一方面被算作义务,但另一方面,并且绝大部分也被当做有功的行动来评价,但我们对于这个行动的尊重就由于对自己的义务这一概念在这里似乎遭到了某种损害而受到很大削弱。更带决定性的例子是为保卫祖国而慷慨捐躯,然而,自发地不等命令就献身于这一意图,这是否也是很完善的义务,对此却仍然留有一些疑虑,并且这个行动本身并不具有榜样和推动人起来模仿的充分力量。但如果这是不能免除的义务,对它的违犯本身在不考虑人类福利的情况下就是对道德律的损害,也仿佛就是对道德律的神圣性的践踏(这一类义务我们通常称之

181

为对上帝的义务,因为我们是把上帝设想为实体中的神圣性之理想的),那么我们对于牺牲一切永远只可能对所有我们的爱好中最亲切的爱好有价值的东西去遵守道德律的做法,献上最高最完全的敬重,并且如果我们凭这个榜样能够确信人类的本性有能力攀升到一个超过自然永远只能在相反的动机上具有的一切东西的如此巨大的高度,则我们通过这样一个例子就感到自己的灵魂得到了加强和提高。尤维纳利斯①通过一种使读者强烈感觉到蕴含在作为义务的义务的纯粹法则中的动机力量的强调,而表现了这样一种榜样:

> Esto bonus miles,tutor bonus,arbiter idem
>
> Integer;ambiguae si quando citabere testis
>
> Incertaeque rei,Phalaris licet imperet,ut sis
>
> Falsus,et admoto dictet periuria tauro;
>
> Summum crede nefas animam praeferre pudori,
>
> Et propter vitam vivendi perdere causas.②

182　　　如果我们什么时候可以把对功劳的某种得意之感带进我们

---

① Juvenal(55/60—约127),罗马最后也最有影响的一位讽刺诗人,下面这首诗出自他的《讽刺诗》第8首,第79—84行。——译者

② 拉丁文:
　　要做好士兵,做好监护人,仲裁者也要
　　无偏心;一旦你被召来当证人,
　　以决疑案,即使法拉里斯命令你
　　说假话,并拖来了让人作伪证的铜牛:
　　你却深信罪莫大于舍荣誉而求生,
　　以及为活命败坏生存之根。
　　按:法拉里斯(Phalaris,公元前?—554年)为西西里阿克拉加斯的僭主,据说他曾用铜牛作刑具,把罪犯放在铜牛里烧死,将人的惨叫当做牛的吼声。被推翻后,人们把他投入他自己的铜牛中烧死。——译者

的行动中来,那么其动机就已经与自矜有所混淆了,因而就获得了一些来自感性方面的辅助了。但唯独把一切都置于义务的神圣性的后面,并意识到我们能够这样做,因为我们自己的理性承认这是它的命令,并且宣布我们应当这样做,这才意味着仿佛把自己整个提升到超出感官世界之上,而且在这同一个法则意识中,这种提升甚至作为一种控制感性的能力的动机也是与效果不可分割地结合着的,哪怕并不总是与之结合着①,但这种效果通过经常关心这种动机并对其运用最初作较小的尝试,毕竟也会对自己的产生提供希望,以便在我们心中逐渐引起对这种动机的最大的、但却是纯粹的道德兴趣来。

　　所以这个方法采取如下的进程。首先我们所关心的只是,使按照道德律进行评判成为一件自然的、伴随着我们自己的一切自由行动以及对他人自由行动的观察的工作,并使之仿佛成为习惯,而且通过我们首先追问这个行动是否客观上符合道德律以及符合哪种道德律,来使这种评判变得锋利;同时我们也教导要注意把单纯给责任提供一个根据的那种法则与事实上本身就是责任性的法则区别开来（leges obligandi a legibus obligantibus②）（例如人类的需要所要求我们的那种东西的法则,反之则是人类的权利所要求我们的那种东西的法则,其中后者所颁布的是本质性的义务,前者所颁布的则只是非本质性的义务）,因而教导要区别汇集在一个行动中的那些不同的义务。另一个必须加以注意之点　183

----

①　此句似应作:"而且关于这同一个意识的法则意识甚至作为……";那托尔普则校作:"而且法则意识甚至作为……的动机也是与这同一个意识不可分割的,哪怕并不总是与效果结合着"。——德文编者

②　拉丁文:关于责任的法则不同于责任性的法则。——译者

是这个问题:这个行动是否(主观上)也是为了道德律而发生的,因而它是否不仅仅拥有作为行为的道德正确性,而且也拥有作为按照行为准则的意向的道德价值? 于是毫无疑问,这种练习以及关于由此发源而将我们单纯对实践上的事下判断的理性培养起来的意识,必定会甚至对这种理性的法则、因而对道德上善的行动也逐渐产生出某种兴趣。因为我们最终会喜欢得到这样一种东西,对它的考察让我们感到我们的认识能力有扩展的运用,而首先促进这种运用的是那种我们从中发现道德的正确性的东西;因为理性唯有在事物的这样一种秩序中,才能与自己先天地按照原则来规定什么是应当做的那种能力相配。但一个自然的观察者毕竟最终会喜欢得到那些最初使他感到反感的对象,如果他在其上发现了它们的组织的巨大的合目的性,因而他的理性在观察它们时得到了享受的话,莱布尼茨在用显微镜仔细地观察了一只昆虫后将它爱惜地重新放回它的叶子上去,因为他通过自己的观看感到自己获得了教益,并仿佛从它身上得到了愉快的享受。

但判断力的这种让我们感受到我们自己的认识能力的工作还不是对行动及其道德性本身的兴趣。这种工作只是使人们乐意以这样一种评判来自娱,并赋予德行和按照道德律的思维方式以一种美的形式,这种形式令人赞叹,但还并不因此就被人寻求(laudatur et alget①);这就像所有那些事情一样,我们对它们的观看在主观上引起了对我们的诸表象能力的和谐的意识,同时我们在它们那里感到自己的整个认识能力(知性和想象力)都得到了

---

① 拉丁文:它受到赞扬却死于冷漠。(尤维纳利斯:《讽刺诗》第 1 首第 74 行)——德文编者

加强,它们就产生出一种也能传达给别人的愉悦,然而这时客体
的实存对我们来说仍然是无所谓的,因为它只被看作引起我们心
中觉察到超出动物性之上的那些才能的素质的一个诱因。但现
在第二种练习开始了自己的工作,这就是在通过榜样来生动地描
述道德意向时使人注意到意志的纯洁性,首先只是作为意志的消
极的完善性,就一件作为义务的行动中任何爱好的动机都丝毫也
不作为规定根据对意志发生影响而言;但初学者借此毕竟会把注
意力保持在对自己的自由的意识上,并且虽然这种放弃会激起最
初的痛苦感觉,但却由于它使那个初学者甚至从真实的需求那里
摆脱出来,同时就向他通报他从所有这些需求把他纠缠于其中的
那些各种各样的不满足中解放出来了,并使内心对来自另外源泉
的满足感易于接受。当在相关实例被摆出来的那些纯粹道德决
定上已经向人揭示出一种内部的、平时甚至都完全不为他自己所
知的能力,即内心的自由,也就是如此挣脱爱好的剧烈纠缠,以至
于没有任何爱好、哪怕最强烈的爱好对我们现在应当用我们的理
性所作出的决定发生影响,这时,人心就毕竟从那种时时刻刻暗
中压在它上面的重负中解放出来和脱身出来了。如果只有我一
个人知道错在我这一方,并且尽管坦率地承认错误并提议赔礼道
歉,这由于我的虚荣心、自私,甚至由于我平时对那个受到我的侵
权的人并非没有道理的反感,而遇到了如此巨大的矛盾,然而我
却仍然可以置所有这些疑虑于不顾,那么在这样一种情况中,就
毕竟包含有不依赖于爱好和巧合的独立性意识,以及自满自足的
可能性意识,这种可能性即使出于别的意图也都是处处对我有益
的。现在,义务法则凭借在遵守它时让我们所感到的那种积极的

184

价值,通过在我们的自由意识中对我们自己的敬重而找到了入门的捷径。如果这种敬重被完全建立起来了,如果人没有比他通过内部的自我审查觉得在自己眼中是可鄙和下流的更使他强烈地感到害怕的了,那么任何善良的道德意向就都能够嫁接到这种敬重上来;因为这是防止我们内心的不高尚和腐败冲动入侵的最好的,甚至是唯一的守卫者。

185   我本来只是想借此指出一种道德的教养和训练的最普遍的方法论准则。由于义务的各种各样还要求对它们的每一种类型作特殊的规定,这样就会构成一件广泛的工作,所以如果我在像这样一部只是预备性练习的著作中只限于讨论这些基本特征,人们也就不会责怪我了。

结　　论

　　有两样东西,人们越是经常持久地对之凝神思索,它们就越是使内心充满常新而日增的赞叹和敬畏:我头上的星空和我心中的道德律。对这两者,我不可当做隐蔽在黑暗中或是夸大其辞的东西到我的视野之外去寻求和猜测;我看到它们在我眼前,并把它们直接与我的实存的意识联结起来。前者从我在外部感官世界中所占据的位置开始,并把我身处其中的联结扩展到世界之上的世界、星系组成的星系这样的恢宏无涯,此外还扩展到它们的循环运动及其开始和延续的无穷时间。后者从我的不可见的自我、我的人格性开始并把我呈现在这样一个世界中,这个世界具有真实的无限性,但只有对于知性才可以察觉到,并且我认识到我与这个世界(但由此同时也就与所有那些可见世界)不是像在前者那里处于只是偶然的联结中,而是处于普遍必然的联结中。前面那个无数世界堆积的景象仿佛取消了我作为一个动物性被造物的重要性,这种被造物在它(我们不知道怎样)被赋予了一个短时间的生命力之后,又不得不把它曾由以形成的那种物质还回给这个(只是宇宙中的一个点的)星球。反之,后面这一景象则把我作为一个理智者的价值通过我的人格性无限地提升了,在这种人格性中道德律向我展示了一种不依赖于动物性、甚至不依赖于整个感性世界的生活,这些至少都是可以从我凭借这个法则而存有的合目的性使命中得到核准的,这种使命不受此生的条件和界限的局限,而是进向无限的。

不过,赞叹和敬重虽然能够激发起探索,但不能弥补探索的不足。现在,为了以有用的和与对象的崇高性相适合的方式着手这一探索,应该做什么呢? 在这里,榜样有可能被用于警告,但也可能被用来模仿。对世界的考察曾经是从最壮丽的景象开始的,人类的感官永远只能呈示这种景象,而我们的知性则永远只能够承受在感官的广阔范围中追踪这种景象的工作,它终止于——占星学。道德学曾经是从人类本性中①最高尚的属性开始的,这种属性的发展和培养的前景是指向无限的利益的,它终止于——狂热或迷信。一切尚属粗糙的尝试都是这样进行的,在这些尝试中工作的最重要部分都取决于理性的运用,这种运用并不像对脚的运用那样借助于经常的练习就会自发地产生,尤其是当它涉及那些不可能如此直接地表现在日常经验中的属性的时候。但是不论多么迟缓,在对理性所打算采取的一切步骤预先深思熟虑、并只让这些步骤在一个预先经过周密思考的方法的轨道中运行这一准则传播开来之后,对世界结构的评判就获得了一个完全不同的方向,并与此同时获得了一个无比幸运的出路。一块石头的降落,一个投石器的运动,在它们被分解为各要素及在此表现出来的诸力并经过了数学的加工时,最终就产生出了对世界结构的那个清晰的、在将来也永不改变的洞见,这个洞见在进一步的考察中可以希望永远只是扩展自身,但绝对不用担心会不得不

----

① 原文为"道德本性中"(in der moralischen Natur),兹据普鲁士科学院版全集第五卷改为"人类本性中"(in der menschlichen Natur)。——译者

倒退回去。

　　这一榜样可以建议我们在处理我们本性中的道德素质时同样选取这条道路,并能给予我们达到类似的良好效果的希望。但我们手头毕竟有一些在道德上作判断的理性的榜样。现在把这些榜样分解为它们的基本概念,在缺乏数学的情况下,却采取某种类似于化学的处理方式,经过在日常人类知性上的反复试验,把在这些概念中可能有的经验性的东西与理性的东西分离开来,这样做就能够使我们对这两者都有纯粹的了解,并对它们各自单独有可能提供出什么有确定的认识,于是就能够一方面预防某种还是粗糙的、未经练习的评判的迷误,另方面(这是远为迫切的)防止天才放纵,凭借这些天才放纵,正如哲人之石的炼金术士惯常所做的那样,不借任何有方法的研究和自然知识就许诺了梦想中的财宝,而浪费了真正的财宝。总之一句话:科学(通过批判的寻求和有方法的导引)是导致智慧学的狭窄关口,如果这种智慧学不仅仅被理解为人们所应当做的事,而且还被理解为应当用作教师们的准绳的东西、以便妥善而明确地开辟那条每个人都应走的通往智慧的路并保证别人不走歧路的话:这门科学,任何时候哲学都仍然必须是它的保管者,公众对它的玄妙的研究是丝毫不必关心的,但他们却必须关心那些只有按照这样一种研究才能真正使他们茅塞顿开的教导。

188

德汉术语索引

A

Aberglauben 迷信　187

Achtung 敬重　9,86—103,108,135,
147,151,152,169,173,179—181,
184,186

Adoration 崇拜　151

Affekt 激情　89

affizieren 刺激　21,26,38,74,88,89,
94,103,108,136

Akzendenz 偶性　118

Allgegenwart 全在　150,160

Allgütigkeit 全善　150,160

allgewaltig 全能的　149

Allgemeinheit 普遍性　13,14,30,32,

40,41,52

Allmacht 全能　150,160

Allwissenheit 全知　150,159,160

Analogie 类比　13,67,105,135

Analytik 分析论　8, 10, 17, 18, 50,
104—107,127,128,130,131

analytisch 分析的　11,14,37,57,61,
75,128,131

Angebot 赠品　139

Angel 枢纽　146

Angemessenheit 适合性　100, 102,
148,150

Anheischigmachung 自命自许　32

Angenehme 快适　28,69,70,103,128,
135

注：1.本索引依据德文版《哲学丛书》第 38 卷页码(即本书边码)编成。

2.凡在原书中出现过于频繁、几乎比比皆是的且基本上有定译的词条(如
"理性 Vernunft"等),不再将页码一一注出,只将词条本身用**黑体字**排出。

3.在一词两译或多译的情况下本索引视其需要将页码依次分段排出,中间
用"/"号隔开。

汉德术语对照表

A

爱好 Neigung

爱己 Philautia

B

颁布 vorschreiben

榜样 Beispiel

被造物 Geschöpf

悖论 Paradoxon

背理的东西 Widersinnisches

本能 Instinkt

本体 Noumenon

本体论的 ontologisch

本源的 ursprünglich

本质/本质的 Wesen/wesentlich

比较的 komparativ

比例/按比例 Proportion/proportionier-
en

必然性/必然的 Notwendigkeit/notwen-
dig

辩证论/辩证的 Dialektik/dialektisch

标准 Maβgabe

表象 Vorstellung

病理学的 pathologisch

不纯洁性 Unlauterkeit

不可能性 Unmöglichkeit

不可行 untunlich

不快适 Unangenehmen

不快意 Unannehmlichkeit

不明智 Unklugheit

不平等 Ungleichheit

不同质性/不同性质的 Ungleichar-
tigkeit/ungleichartig

不幸 Unglück

不朽 Unsterblichkeit

不愉快 Unlust

不允许的 Unerlaubte

不自重 Unwürdigkeit

博学 Gelehrsamkeit

C

阐述 Exposition

超感官的/超感性的 übersinnlich

超验的 transzendent

惩罚 Strafe

秩序 Ordnung

冲动 Antrieb

冲动 Trieb

冲突 Widerstreit

崇拜 Adoration

崇高 Erhaben

崇高思想 Seelengröβe

从属 unterordnen

从属性 Anhängigkeit

宠幸 Begünstigung

传达 mitteilen

创世者 Welturheber

创造 Schöpfung

创造者 Urheber

纯粹的 rein

慈善行为 Wohltätigkeit

刺激 affizieren

刺激 Stachel

刺激/魅力 reizen

存有 Dasein

存在者/存在物 Wesen

D

大前提 Obersatz

大小/量 Gröβe

代用品 Surrogat

道德/道德学 Moral

道德的 moral/moralisch

道德律 das moralische Gesetz

道德学家 Moralist

道德性 Moralität

道德哲学家 Moralphilosoph

道德/道德风尚 Sitten

道德/道德的 Sittlichkeit/sittlich

德行 Tugend

德性/德性的 Sittlichkeit/sittlich

德性法则 Sittengesetz/das sittliche Ge-
setz

德性论 Sittenlehre

抵抗 Widerstand

定理 Lehrsatz

定义 Definition

定言的 kategorisch

动机 Triebfeder

动物性(的)Tierheit/tierisch

动因 Bewegungsgrund

动因 Bewegursache

独断论/独断的 Dogmatik/dogmatisch

独立性 Unabhängigkeit

对象 Gegenstand

多愁善感 Empfindelei

E

恶/恶的 Böse/böse

恶性 Bosheit

二律背反 Antinomie

F

发展 entwickeln

反思 Nachdenken

反省 nachsinnen

范畴 Kategorie

犯罪 Verbrechen

方法/方法论 Methode/Methodenlehre

分析论 Analytik

分析的 analytisch

疯癫 Wahnsinn

福/福祉 Wohl

福利 Wohlbefinden

福利 Wohlsein

福音书 Evangelium

副本 Gegenbild

G

该当受罚 Strafwürdigkeit

概念 Begriff

感官 Sinn

感官世界 Sinnenwelt

感官表象 Sinnesvorstellung

感觉 Empfindung

感受性 Empfänglichkeit

感性/感性的 Sinnlichkeit/sinnlich

感性论 Ästhetik

感性化 Versinnlichung

感兴趣 interessieren

刚毅精神 Seelenstärke

高贵的 edel

个体 Individuum

个人 Person

根据 Grund

工具 Werkzeug

公式 Formel

公民的 bürgerlich

拱顶石 Schluβstein

构成性的 konstitutiv

构造 Konstruktion

姑息 Erlassung

关系 Relation

关系 Verhältnis

观念 Gedanke

观念论/观念论者 Idealismus/Idealist

观念性 Idealität

广延 Ausdehung

规定 Bestimmung/bestimmen

规定根据 Bestimmungsgrund

规范 Vorschrift

规律/法则 Gesetz

规则 Regel

归摄 subsumieren

诡辩 Sophisterei

H

好感 Zueignung

好意 Gunst

好意/关爱 Wohlwollen

合法(则)性 Gesetzmäßigkeit/gesetzlich/gesetzmäßig

合法性 Legalität

合理的 rational

合理的/有理性的 vernünftig

合目的性 Zweckmäßigkeit/zweckmäßig

和谐 Harmonie

鸿沟 Kluft

胡闹 Unsinn

怀疑论 Skeptizismus

幻想的 phantastisch

幻相 Schein

幻影 Hirngespinst

荒谬的 ungereimt

悔恨 Reue

或然的/悬拟的 problematisch

祸/灾祸 Übel

J

基底 Substratum

基督教 Christentum

机会 Gelegenheit

机器 Machine/Machinenwesen

机械作用/机械论/机关 Mechanismus

激情 Affekt

寄存物 Depositum

技术性的 technisch

假设/假设的 Hypothese/hypothetisch

假言的 hypothetisch

监护人 Vormund

交互的 wechselseitig

教条 Dogmata

教养 Bildung

教育/教育者 Erziehung/Erzieher

接受性 Rezeptivität

结果 Wirkung

结合体系 Coalitionssystem

结论 Schluß

节制 Bändigung

节制 Enthaltsamkeit

解放 befreien

解题 Erklärung

界限 Grenze

进步 Fortschritt

精神（的）Geist/geistig

经验 Erfahrung

经验性的 empirisch

经验主义 Empirismus

敬畏 Ehrfurcht

敬重 Achtung

窘境 Verlegenheit

决心 Vorsatz

K

喀迈拉式的 chimärisch

楷模 Muster

慷慨 Großmütig

科学 Wissenschaft

可分性 Teilbarkeit

可能性 Möglichkeit

可行性/可行的 Tunlichkeit/tunlich

客体 Objekt

肯定的/积极的 Positive/positiv

空间 Raum

苦 Weh

夸大其辞的 überschwenglich

快乐 Vergnügen

快适 Angenehme

快意 Angenehmlichkeit

宽大无边的 nachsichtlich

宽容 Nachsicht

宽纵的 indulgent

狂热 Schwärmerei

狂信 Fanatizismus

L

来源 Quelle

类比 Analogie

理论（的）Theorie/theoretisch

理念 Idee

理想 Ideal

理性 Vernunft

理性神学 Vernunfttheorie

理则学 Kanonik

理知的 intelligibel

理智（者）Intelligenz

利益 Nutzen

利益 Vorteil

力学性的 dynamisch

立法 Gesetzgeben

历史的 historisch

良知 Gewissen

量 Quantität

灵魂/心灵 Seele

逻辑的 logisch

M

满意 befriedigen

矛盾 Widerspruch

矛盾的 contradiktorisch

美 Schönheit

迷宫 Labyrinthe

迷信 Aberglauben

迷信 Superstition

面目全非 verunstalten

明智 Klugheit

命令 Gebote/gebieten

命令 Imperative

命运 Los

谬误推理 Paralogismus

摹本的 nachgebildet

模仿 Nachahmung

模态 Modalität

模型 Typus

模型论 Typik

目的 Zweck

N

内心 Gemüt

内在的 immanent

能力 Vermögen

拟人主义/拟人化 Anthropologismus

奴性的 knechtisch

O

偶然的 zufällig

偶性 Akzendenz

P

判断/判断力 Urteil/Urteilskraft

培养 Kultur

配得(上) Würdigkeit/würdig

批判 Kritik

偏好 Hang

品格 Charakter

评判 Beurteilung

平行关系 Parallelismus

普遍性 Allgemeinheit

普遍性的 universalle

Q

欺骗行为 Erschleichen

启示 offenbaren

启示 Eröffnung

起作用的 wirkend

契机 Moment

谦卑/谦卑的/使……谦卑 Demut/
　demütig/demütigen

强令 Sanktion

强迫 Notigung

强制力 Gewalt

亲属关系 Verwandtschaft

轻视 Verachtung

情感 Gefühl

情致 Sinnesart

权衡 Erwägung

权利 Ansprüche

权利 Recht

权限/权利 Befugnis

全在 Allgegenwart

全善 Allgütigkeit

全能的 allgewaltig

全能 Allmacht

全知 Allwissenheit

犬儒派 Chyniker

确定性 Gewißheit

确信 Überzeugung

R

人格/个人 Person

人格性 Persönlichkeit

人性 Menschheit

人性 Menschlichkeit

认其为真 Fürwahrhalten

任意 Willkür/willkürlich

S

三段论推理 Vernunftschluß

善/善(良)的 Gut/gut

善良的/善意 gütig/Gütigkeit

善行 Wohlverhalten

上帝 Gott

身体上的 physisch

神性/神 Gottheit

神圣性/神圣的 Heiligkeit/heilig

神秘主义 Mystizismus

神学(的)Theologie/teologisch

神智学家 Theosoph

神智学的 theosophisch

生活作风 Lebenswandel

生命力 Lebenskraft

实存 Existenz/existieren

实践的 praktisch

实践知识 das praktische Erkenntnis

实然的 assertorisch

实体 Substanz

实验 Experiment

实在性/实在的 Realität/real

时间 Zeit

使命 Bestimmung

适合性 Angemessenheit

适应性 Tauglichkeit

事件 Begebenheit

事实 Faktum

视幻觉 die optische Illusion

试金石/标准 Probierstein

是 Sein

熟巧 Geschicklichkeit

手段 Mittel

受动 leidend

枢纽 Angel

属性 Eigenschaft

束缚 Joch

数学/数学家/数学（性）的 Mathema-
tik/Mathematiker/mathematisch

思辨（的）Spekulation/spekulativ

思辨知识 das spekulative Erkenntnis

思维方式 Denkungsart

私人 Privat

斯多亚派 Stoiker

似非而是的 paradox

宿命论者/宿命 Fatalist/Fatalität

素质 Anlage

随意的 beliebig

T

他律 Heteronomie

讨好 Beliebtes

天职 Beruf

条件 Bedingung

调和主义的 synkretistisch

调节性的 regulativ

调控 Mäßigung

同情 Mitleid

同情的 sympathetisch

同位语 Beisatz

同一性/同一的 Identität/identisch

同质的东西 Gleichartige

统一性 Einheit

痛苦 Schmerz

图型 Schema

推测 präsumieren

W

挖空心思 ergrübeln

完备/完备性 Vollständigkeit/
vollständig

完善（性）Vollkommenheit

妄想 Wahn

唯理论 Rationalismus

唯我主义 Solipsismus

违犯/违禁 Übertretung

伪善 Gleisnerei

谓词 Prädikat

慰藉 Trost

无可置疑的 apodiktisch

无能 Unvermögen

无私的 uneigennützig

无条件者/无条件的 Unbedingte/un-
bedingt

无限的 unendlich

无限的 endlos

无信仰 Unglauben

无意义(的)Nichtigkeit／nichtig

无知 Unwissenheit

物理学 Physik

X

习惯 Gewohnheit

系统(的)／体系 System／systematisch

先天的 a priori

先验的 transzendental

现实性／现实的 Wirklichkeit／wirklich

现象 Erscheinung

现相 Phänomen

宪法 Verfassung

限制 Einschränkung

相应 korrespondieren

想象／想象力 Einbildung／Einbildung-
　　skraft

享受 Genuβ

消极的／否定的 negativ

小前提 Untersatz

心甘情愿的 bereitwillig

心理学 Psychologie

心满意足 Zufriedenheit

心血来潮 Herzensaufwallung

信仰 Glauben

形而上学 Metaphysik

形式 Form

形态 Gestalt

行动 Handlung

行为 Verhalten

行为举止 Tun und Lassen

性情 Laure

性状 Beschaffenheit

兴趣／利益／利害 Interesse

幸福 Glückseligkeit

幸福论／幸福学说 Glückseligkeitslehre

虚荣／虚荣的 Eitelkeit／eitel

需要 Bedürfnis

悬设／假设 Postulat／postulieren

玄想／推想 Vernünftelei／vernünfteln

选择 Wahl

训练 Disziplin

Y

要素 Elemente

要素论 Elementarlehre

一般性 generelle

一贯的 konsequent

伊壁鸠鲁派／伊壁鸠鲁主义者
　　Epikureer

依存 inhärieren

怡然自得 Behaglichkeit

意见 Meinung

意识 Bewuβtsein

意向 Gesinnung

意愿 Wollen

意志 Wille

义务 Pflicht

演绎 Deduktion

演证 Demonstration

样态 Modus

因果性/原因性 Kausalität

印象 Eindruck

永福 Seligkeit

永恒 Ewigkeit/ewig

优先地位 Primat

优先性/优先权 Vorzug

游戏 Spiel

有德的 tugendhaft

有条件的 bedingt

有限的 endlich

有效的 gültig

有责任 obliegen

愉快 Lust

愉悦 Wohlgefallen

宇宙论的 kosmologisch

欲求 Begehrung

原理 Grundsatz

原始存在者 Urwesen

原始根据 Urgrund

原型/范本 Urbild

原因 Ursache

原则 Prinzip

愿望 Wunsch

允许的 Erlaubte

Z

杂多/多样性 Mannigfaltige

在场 Gegenwart

暂时的冲动 Anwandlung

赞叹 Bewunderung

责任 Verbindlichkeit

责任追究 Zurechnung

赠品 Angebot

占有 Besitz

占有欲 Habsucht

哲学 Philosophie

哲学家 Philosoph

真理 Wahrheit

争执 Streitigkeit/streiten

正直 Rechtschaffenheit

证据链 Beweistümer

知觉 Wahrnehmung

知性 Verstand

知足 Genügsamkeit

直观 Anschauung

职责 Schuldigkeit

执意 Willensmeinung

值得惊叹的 wundernswürdig

指令 Verordnung

至善 das höchste Gute

至上的 oberst

智慧/智慧的 Weisheit/weis

智慧学 Weisheitslehre

智性的 intellektuell

智性直观 die intellektuelle An-
　　schauung

智者 Weise

质 Qualität

质料/物质 Materie

置信 Überredung

制止 Unterlassen

终极目的 Endzweck

主体/主观的 Subjekt/subjektiv

追踪 nachspüren

准绳 Richtschnur

准则 Maxime

自爱 Selbstliebe

自大 Eigendünkel

自动机 Automation

自发性 Spontaneität

自负 Arroganz

自矜的 eigenliebig

自律 Autonomie

自明性 Evidenz

自命自许 Anheischigmachung

自然(界)/本性 Natur

自然知识 Naturerkenntnis

自然学说 Naturlehre

自然必然性 Naturnotwendigkeit

自然秩序 Naturordnung

自然完善性 Naturvollkommenheit

自私 Eigennutze

自私 Selbstsucht

自我意识 Selbstbewuβtsein

自我批准 Selbstbilligung

自我认识 Selbsterkenntnis

自我拷问 Selbstprüfung

自我尊重 Selbstschätzung

自我谴责 Selbstverdammung

自我满足 Selbstbefriedenheit

自由 Freiheit

自由的任意 die freie Willkür

自由意志 der freie Wille

自愿的 freiwillig

自在的 an sich

自在之物 Ding an sich

自责 Selbsttadel

自足 Selbstgenugsamkeit

宗教 Religion

综观 übersicht

综合（的）Synthesis／synthetisch

总和 Inbegriff

组织 Organisation

最高的 höchst

罪恶 Laster

尊严 Ansehen

尊严 Würde

人 名 索 引

责任编辑:张伟珍
封面设计:吴燕妮
责任校对:张红霞

图书在版编目(CIP)数据

实践理性批判/[德]康德 著;邓晓芒 译;杨祖陶 校. —2 版.
—北京:人民出版社,2016.9(2025.9 重印)
ISBN 978－7－01－016683－4

Ⅰ.①实… Ⅱ.①康… ②邓… ③杨… Ⅲ.①德国古典哲学
②无神论 Ⅳ.①B516.31 ②B91

中国版本图书馆 CIP 数据核字(2016)第 217118 号

实践理性批判
SHIJIAN LIXING PIPAN

[德]康德 著　邓晓芒 译　杨祖陶 校

人民出版社 出版发行
(100706　北京市东城区隆福寺街 99 号)

北京汇林印务有限公司印刷　新华书店经销

2016 年 9 月第 2 版　2025 年 9 月北京第 11 次印刷
开本:710 毫米×1000 毫米 1/16　印张:16
字数:200 千字　印数:65,001-70,000 册

ISBN 978－7－01－016683－4　定价:32.00 元

邮购地址 100706　北京市东城区隆福寺街 99 号
人民东方图书销售中心　电话 (010)65250042　65289539